技術科・工業科教育法

2021・2022年度実施 新教育課程対応

教職課程研究会 編

Teaching Profession

実教出版

はじめに

「教職必修 技術科・工業科教育法」で何を学ぶか

　本書は，中学校の「技術科」教員及び高等学校の「工業科」教員を目指す学生諸君や同教科の教員研修用のテキストとして執筆したものである。

　教員免許状の取得には，各教科に共通する多様な教職科目の単位修得が必要である。このうち教科教育法［method of teaching school subject］は，それぞれの教科の免許取得には欠かせないものであり，中学校の技術科の免許状取得には「技術科教育法」［method of technical education］，高等学校の工業科の免許状取得には「工業科教育法」［method of industrial technology education］の単位の修得が必要である。

　教科教育法は，教育学の中では総論的な学問ではなく，各教科独自の特質や内容に基づく具体的な教育学である。

　つまり，それぞれの教科の内容について，他教科に配慮しながら，教科としてどのような内容を，どのような指導方法で展開すればよいかなどについて学ぶ科目である。そして，その教科指導の結果をどのように評価し，その成果を次の学習にどう発展させていくかなどについて，教科の全体像を理解しながら具体的に学ぶのである。

　教員としては，各教科に関する知識と技術を身に付けることが最低必要条件であり，同時に学校の組織の一員として，日常的な業務遂行に必要な学校の機能や運営上の課題の理解も大切である。

　そこで，それらの内容を具体的に取り上げ，教員として高い資質を身に付け，21世紀にふさわしい新しい学校づくりに貢献できるように，学校教育全般についても学べるよう配慮して執筆した。

　本書の構成は，第1章では学校教育［school education］と教員の使命や学校の組織と運営を学ぶとともに，中等教育における普通教育としての技術教育［technical education］の現状についてまとめた。さらに，主要国の中等教育段階における技術教育ついても紹介している。

　第2章の「中学校教育の現状と課題」では，新しい義務教育学校や中等教育学校との関係に配慮し，中学校教育の課題についてまとめた。

「技術科」教育については，過去の「職業科」から「技術・家庭科」へのあゆみに配慮し，現在の新しい「技術・家庭科」における「技術分野」の学習指導の実際について，2021年度施行の学習指導要領に基づき，「技術・家庭」の教育課程の編成，施設・設備，学習指導法などについて具体的にまとめた。

　第3, 4章では，高等学校教育の現状と運営について，2022年度施行の学習指導要領を踏まえて，全入に近い工業高等学校［industry technical high school］の教育課程や学習指導法と評価，施設・設備，進路指導などについてまとめた。また，学力の多様化への課題や特色ある学校づくりと生涯学習との関わりについてもまとめている。さらに，現在までの工業技術教育［industrial technology education］のあゆみもまとめた。

　第5章では，これまで学んできた成果を，学校現場での「教育実習」に活かせるように，教育実習生として身に付けるべき事項として，学習指導案の作成や授業技術と評価法，教育実習の心得，教職実践演習，学校体験活動などについてもまとめた。

　第6章では，「教員への道」が実現できるように，教員採用試験の概要についてまとめた。

　ところで，本書を活用し「技術科」及び「工業科」の免許状を取得する場合，両教科に共通する内容は，第1章及び第5, 6章にまとめた。それぞれの教科に関する専門の内容は，「技術科」は第2章に，「工業科」は第3, 4章にまとめた。なお，中学校の「技術科」と高等学校の「工業科」は，非常に関連が深く，技術科の学習成果を工業科の学習に発展的に活かすことが求められており，両教科教育法を一冊にまとめ，関連付けて学習の便を図った。

　なお，中学校の技術科の免許状を取得しない場合でも，工業科の教員にとって，中学校の技術科の内容を理解することは欠かせず，このテキストから得るところが多いと考える。

　むすびにあたり，本書の出版に多大のご尽力を下さった，実教出版の皆様に謝意を表すものである。

2019. 2　　　　　　　　　　　　　　　　　　　　教職課程研究会

目　次

はじめに　「教職必修　技術科・工業科教育法」で何を学ぶか …… 3

第1章　中等教育における技術・工業教育の役割と課題 …… 10
第1節　学校教育と教員の使命 …… 10
1　学校とは …… 10
2　学校教育の在り方 …… 11
3　学校の組織と運営 …… 12
4　学校の職員（学校教育法第37条関係）…… 18
5　教員の役割と服務 …… 19
6　望まれる教師像 …… 21
7　ホームルーム活動と担任の職務 …… 23
8　学校評価とカリキュラム・マネジメント …… 24
9　教育委員会の機能 …… 25
第2節　中学校における技術教育 …… 26
1　中学校教育の目的 …… 26
2　中学校の技術教育 …… 31
3　技術科の使命 …… 33
第3節　主要国の教育体系と技術教育の現状 …… 36
1　イギリスの教育体系と技術教育 …… 37
2　ドイツの教育体系と技術教育 …… 39
3　アメリカの教育体系と技術教育 …… 42

第2章　中学校教育の現状と課題 …… 45
第1節　中学校技術科の現状 …… 46
1　技術科教員の業務 …… 46
2　技術・家庭科と学習指導要領 …… 50
3　「技術・家庭科」の技術分野の指導内容 …… 57
第2節　技術・家庭科の指導法 …… 65
1　指導計画作成上の要点 …… 65
2　技術・家庭科の授業時数 …… 66
3　指導計画の配慮事項 …… 67
4　技術分野の学習内容 …… 73

5　「技術・家庭科」の学習指導 …………………………………… 76
　　　6　技術・家庭科（技術分野）の実習室の管理 …………………… 80
第3章　高等学校教育の現状と課題 …………………………………………… 86
　第1節　高等学校教育の現状 ……………………………………………… 86
　　　1　高等学校教育の改善の方向 …………………………………… 87
　　　2　特色ある学校づくり …………………………………………… 92
　　　3　生涯学習と高等学校教育 ……………………………………… 94
　第2節　工業技術教育の活性化方策 ……………………………………… 95
　　　1　工業技術教育の活性化 ………………………………………… 95
　　　2　工業高等学校の普通教科と専門科目への対応 ……………… 97
　第3節　工業技術教育のあゆみ …………………………………………… 98
　　　1　江戸末期から明治初期の技術教育 …………………………… 99
　　　2　明治から昭和初期の工業技術教育 ……………………………101
　　　3　第二次大戦後の工業技術教育 …………………………………103
　　　4　近年の工業技術教育と学習指導要領の改訂 …………………107
第4章　工業高等学校の運営 ……………………………………………………111
　第1節　工業高等学校の教育目標と教育課程 ……………………………112
　　　1　教育課程の現状とその編成 ……………………………………113
　　　2　教育課程の評価と改善 …………………………………………115
　　　3　高等学校学習指導要領の内容 …………………………………116
　　　4　工業科の専門科目 ………………………………………………117
　　　5　工業技術教育指導上の課題 ……………………………………119
　第2節　工業高等学校の学習指導と評価 …………………………………120
　　　1　専門教科「工業」の共通履修科目 ……………………………120
　　　2　工業技術基礎の展開 ……………………………………………121
　　　3　課題研究の展開 …………………………………………………125
　　　4　各学科の「実習」 ………………………………………………128
　　　5　工業の専門学科と科目の変遷 …………………………………128
　　　6　工業高等学校における学習指導と観点別評価 ………………132
　　　7　職業資格取得と学修の単位認定 ………………………………137
　　　8　学校設定教科・科目の設定 ……………………………………138
　第3節　工業高等学校の施設・設備の運営と管理 ………………………139
　　　1　工業高等学校の施設・設備 ……………………………………141
　　　2　実習の施設・設備 ………………………………………………143

3　事故予防と安全管理 ································· 146
第4節　高等学校のキャリア教育 ··························· 150
　　1　各学校段階におけるキャリア指導 ················· 150
　　2　工業高等学校のキャリア指導 ····················· 152
　　3　進路動向の変遷 ································· 153
　　4　これからのキャリア指導の在り方 ················· 157
第5節　高等学校の特別活動 ······························· 158
　　1　ホームルーム活動 ······························· 159
　　2　生徒会活動 ····································· 160
　　3　学校行事 ······································· 160
　　4　クラブ（部）活動 ······························· 161
第6節　社会に開かれた工業高校 ··························· 163
　　1　産学連携の実態 ································· 164
　　2　地域との連携 ··································· 166
　　3　学校開放講座の実施 ····························· 166
　　4　高・大連携 ····································· 167
　　5　学校間・校種間の連携 ··························· 167
　　6　学校情報の開示 ································· 169
第7節　新しい高等学校づくり ····························· 171
　　1　総合学科高等学校 ······························· 171
　　2　都立総合工科高等学校 ··························· 172
　　3　都立王子総合高等学校 ··························· 173
　　4　都立科学技術高等学校 ··························· 173
　　5　チャレンジスクール ····························· 174
　　6　エンカレッジスクール ··························· 175
　　7　SSH・スクール ································· 176
　　8　SPH・スクール ································· 177
第8節　工業高等学校活性化事業 ··························· 178
　　1　工業教育振興事業 ······························· 178
　　2　附属工業教育研究所 ····························· 179

第5章　教育実習 ··· 180
第1節　教育実習への準備 ································· 180
　　1　教育実習の重要性 ······························· 181
　　2　教育実習に臨む姿勢 ····························· 182

3　教育実習で学ぶこと ……………………………………… 184
        4　教育実習での授業実践 …………………………………… 185
        5　教育実習生の勤務形態 …………………………………… 186
        6　教育実習の準備と手続き ………………………………… 187
    第2節　生徒理解に基づく学習指導法 ……………………………… 190
        1　教科指導での基礎・基本 ………………………………… 191
        2　「学び合い」の授業展開と教員の役割 ………………… 191
        3　学習指導案の作成準備 …………………………………… 192
        4　学習指導案の作成 ………………………………………… 194
        5　教員を目指す決意 ………………………………………… 195
    第3節　よい授業の指導技術 ………………………………………… 198
        1　指導技術の事例 …………………………………………… 198
        2　新採教員仲間との連携 …………………………………… 200
    第4節　学習評価と3観点別評価 …………………………………… 201
        1　3観点別評価 ……………………………………………… 201
        2　学習評価の留意点 ………………………………………… 202
    第5節　「技術」と「工業」の両免許取得 ………………………… 203
        1　技術科教育法と工業科教育法 …………………………… 203
        2　模擬授業の実践 …………………………………………… 204
    第6節　教育実習の心得 ……………………………………………… 205
        1　実習事前指導 ……………………………………………… 205
        2　実習報告書の作成と教育実習の評価 …………………… 206
        3　実習事後指導 ……………………………………………… 206
    第7節　教職実践演習について ……………………………………… 207
        1　習得を確認する事項 ……………………………………… 207
        2　講座の内容事例 …………………………………………… 207
        3　演習到達目標とその確認 ………………………………… 208
        4　授業方法等 ………………………………………………… 210
    第8節　学校体験活動（インターンシップ）……………………… 211
        1　学校体験活動の目的 ……………………………………… 211
        2　学校体験活動の課題と成果 ……………………………… 212
        3　学校支援ボランティア制度 ……………………………… 212
第6章　教員への道 ……………………………………………………… 214
    第1節　教員免許状の取得 …………………………………………… 214

	1 教員免許状	214
	2 小・中学校免許状取得に係る介護等体験について	218
	3 初任者研修	219
	4 教員免許更新制	219
第2節	教員採用選考の概要	220
	1 教員採用選考の内容	221
	2 東京都の教員採用候補者選考の事例	221
	3 論作文試験への対応	223
	4 教員面接試験への対応	224

資料1 高等学校学科別学校数・生徒数 …………………………………226
資料2 普通教科・科目一覧 …………………………………………………227
資料3 工業科専門科目の必履修単位数の試案例 …………………………228
資料4 工業の各科目の標準単位数設定試案の例 …………………………229
資料5 教育課程の編成 工業技術科試案の例 ……………………………230
資料6 機械科の編成試案の例 ………………………………………………231
参考資料 ……………………………………………………………………………232
索引 …………………………………………………………………………………234

第 1 章 中等教育における技術・工業教育の役割と課題

　本章では，中学校「技術・家庭科」及び高等学校専門教科「工業科」の教育法を学ぶ前提として，学校教育の機能を概括的に理解し，その中で普通教育としての「技術教育」と専門教育としての「工業教育」の果たすべき役割と課題についてまとめた。

▍第1節　学校教育と教員の使命▍

　教育の目的について，**教育基本法第1条**では，「教育は，人格の完成を目指し，平和で民主的な国家及び社会の形成者として必要な資質を備えた心身ともに健康な国民の育成を期して行われなければならない」としている。
　そこで，まず学校教育［school education］の全般を理解するために，学校教育の機能を概括し，学校の組織と運営管理，教員の役割と服務，教員の資質と研修，望まれる教師像などについて学ぶ。

❶ 学校とは

　教育基本法［Fundamental Law of Education］第6条で「法律で定める学校は，公の性質を有するものであって，国，地方公共団体及び法律に定める法人のみが，これを設置することができる」と規定している。
　また，**学校教育法**［School Education Law］第1条では，「学校とは，幼稚園，小学校，中学校，義務教育学校，高等学校，中等教育学校，特別支援学校，大学及び高等専門学校とする」と規定している。
　そこで義務教育機関である小・中学校と準義務化傾向にある高等学校においては，各学校は児童・生徒にとって社会生活への準備段階であるとともに，学校そのものが，児童・生徒や教職員，保護者，地域の人々

などから構成されている一つの社会であると捉える必要がある。

児童・生徒は，学校も含めた地域社会［community］の中で，生まれ育った環境にかかわらず，また，障害の有無にかかわらず，さまざまな人々と関わりながら学び，その学びを通じて，自分の存在が認められることや，自分の活動によって何かを変えたり，社会をよりよくできることなどを学ぶのである。

また，児童・生徒一人ひとりの活動は，身近な地域や社会生活に影響を与えるという自覚を育成する。

学校はこのように，児童・生徒が，身近な地域を含めた社会とのつながりの中で活動を通して学び，自らの人生や社会をよりよく変えていくことができるという実感を育むことが期待される。

このように，学校は，現代を生きる児童・生徒にとって，現実の社会との関わりの中で，毎日の生活を築き上げていく場であるとともに，未来の社会に向けた準備段階としての場でもあるといえる。

❷ 学校教育の在り方

学校教育は，家庭生活の成果を引き継ぎ，児童・生徒一人ひとりに，集団生活を通して意図的・計画的に教育を行い，知識や技能や態度を主体的に獲得させる公共の機関である。

特に，集団生活における規律やその意義や集団と個人の関わりなどを自覚させ，将来の自己実現に必要な基礎的・基本的な資質を組織的に獲得させる場である。

学校教育では，どんなに社会が変化したとしても，時代を超えて変わらず指導すべき「不易」［immutable］な内容がある。つまり，豊かな人間性，正義感，公正さをはじめ，他人を思いやる心，人権を尊重する心，自然を愛する心等々を，一人ひとりの児童・生徒に培うことは，社会がどう変わろうとも大切にすべきことである。

しかし学校教育は，同時に社会の進展，つまり「流行」［trend］に柔軟に対応することも，課せられている課題でもある。

21世紀になり，国際化や情報化の進展はめざましく，2018年度から移行措置が始まり2020年度から全面実施される学習指導要領［course of study］では，小学校からの外国語教育や情報教育の充実が図られている。

具体的には，小学校の3，4年生からの外国語活動と5，6年生からの教科としての外国語科の設置である。

情報教育分野では，小学校から教科指導を通してプログラミング的思考の習得が期待され，かつ情報端末やパソコンや大型提示装置（電子黒板）などの活用が授業展開の中で推進されることが期待されている。

中学校においては，2021年度から全面実施される学習指導要領の技術・家庭科の技術分野では，**プログラミング教育**に関する内容が充実し，高等学校でも2022年度学年進行で始まる学習指導要領では，共通必履修科目の情報科の内容の中でその充実が図られている。

また，小・中学校では，道徳が「**特別な教科**」として充実が図られ，発達段階に応じ，答えが一つでない道徳的な課題を，一人ひとりの児童・生徒が自分自身の問題として捉え，「考え，議論する道徳」への質的転換が求められている。

❸ 学校の組織と運営

(1) 学校の分掌組織

学校の統括責任者は校長であり，その管理・運営のもとに各学校の分掌組織はつくられている。図1-1-1に，工業高等学校の分掌組織［school affairs divide duties］の一例を示した。各学校には，運営の企画・立案・諮問等を行う企画調整会議や校長の主宰する職員会議［staff meeting］及び各種の校務を分担する各部や各種委員会等が設置されているが，これらのすべての会議や委員会組織は議決機関ではなく，あくまで学校長の補助機関である。

つまり，職員会議では，裁決により決定するようなことはなく，すべての最終的な決定は校長が行い，その全責任を校長は負っている。

学校の組織は，校種により異なるが，各種校務担当，各教科担当，各専門学科担当，各種委員会担当，経営企画室担当等に大別できる。

(2) 学校組織の機能

一般的に，全教員と管理職で構成される職員会議は，月1回程度開催

され、「校長が意思決定する際に教職員の考えを聞く」、「教職員相互の意見や情報を交換する」、「関係機関からの通知や連絡事項等の伝達をする」、「研修や研究発表等の場」である。

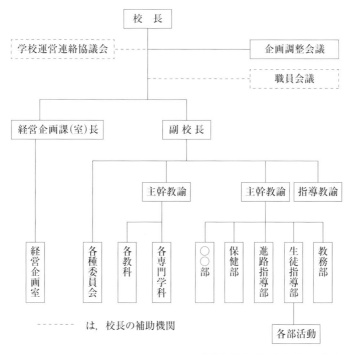

図1-1-1　高等学校の校務分掌組織の例

　学校教育法施行規則第48条には、職員会議の設置が明記され、校長が主宰することが定められている。
　校務分掌の中では、管理職と各部長や主幹等から構成される企画調整会議が設置されており、校長の経営方針に従い、日常の活動方針や運営方針等を企画立案し、職員会議等でその方針を各教員に周知徹底を図る重要な役割を果たしている。

(3) 校務分掌の意義

　校務分掌は，学校教育法施行規則第43条では，「調和のとれた学校運営が行われるためにふさわしい校務分掌の仕組みを整えるものとする」と規定されている。

　各学校は，その教育目標［education objectives］を達成するため，各教員の適性や実績等を踏まえて，各校務を分担している。

企画調整会議：管理職と各部等の主幹教諭等で構成され，校長の経営方
　針に従い校務全般について，企画・立案する。
教務部：学校教育の運営，教育課程の編成・実施に関する担当。
生徒指導部：生徒の指導，管理に関すること及び部活動の担当。
進路指導部：生徒の進学や就職の指導に関する担当。
保健部：児童・生徒の保健・安全に関する担当。
事務部：学校の予算や施設・設備に関する担当。
各学年：各学年の行事等の企画・運営に関する担当。
各学科：専門高校に設置されている学科に関する担当。

(4) 都立学校の「学校運営連絡協議会」の紹介

　東京都教育委員会［Tokyo Metropolitan Board of Education］は，全都立学校に「都立学校運営連絡協議会」を2001年度（平成13年度）から設置し，各学校では年3回以上の運営協議会を開催し，都立学校の教育の改善に活かしている。

　学校運営連絡協議会は学校に対して外部評価を行う機関であり，また，学校教育活動に直接関与しない地域や都民の方々から，学校経営に関するさまざまな意見を聞くことができる貴重な機関である。

　この協議会の構成員は，外部の学校運営連絡協議委員及び，校長，副校長，経営企画課（室）長，主幹教諭などの内部委員で構成されている。

　また，学校評価を行うため，学校運営連絡協議会の中に，校長が選任した「**評価委員会**」が設置されている。

　「評価委員会」では，学校評価のためのアンケートを，地域・保護者・生徒などに実施し，結果の分析・検討などを行い，学校の課題や改善点などについて，校長へ意見・提言を行っている。そのためには学校運営連絡協議会協議委員に学校の実態をよく見て，知ってもらう必要がある。

都立学校では，4月に「学校経営計画」を発表し，中・長期的な観点から，学校の使命や「目指す学校」と，それに向けた方策を明確にし，それに沿った年度の計画を数値目標としてあらわしている。

「**学校経営計画**」は，教育サービスの質的向上を目指すため，マネジメント・サイクル［management cycle］を用い，学校経営計画を策定し（Plan・計画）→教育活動の実施（Do・実施）→学校の自己評価（Check・評価）へと続き，年度末には自己評価を受けた「学校経営報告策定」を行い，次年度への発展企画（Action・改善）へとつなげている（**PDCAサイクル**という）。

(5) **学校評議員制度（学校教育法施行規則第49条）**

教育委員会（設置者）の定めるところにより，各学校には学校評議員を置くことができる。学校評議員［councilor of school］は，校長の求めに応じ，学校運営に関し意見を述べることができる。

学校評議員の選定は，当該学校の職員以外の者で教育に関する理解及び識見を有する者のうちから，校長の推薦により，当該学校の設置者が委嘱する。このような，学校・家庭・地域が連携する制度を整備し，「開かれた学校」づくりを推進する観点から，2000年から実施されている。学校評議員は，校長の求めに応じ，学校の教育目標及び計画に関すること，教育活動の実施に関すること，学校と地域社会との連携に関することなどについて，意見を述べることができる。

しかし，校長や教育委員会の行う学校運営に直接関与したり，拘束力のある決定をしたりすることはできない。

(6) **学校運営協議会制度によるコミュニティ・スクール**

この制度は，2000年（平成12年）の教育改革国民会議の提案を受けて，文部科学省の「新しいタイプの学校運営の在り方」に関する研究指定校での実践的研究を経て始まった制度である。2004年に「地方教育行政の組織及び運営に関する法律」の改正により「学校運営協議会」は教育委員会の判断で設置が認められることになった。

学校運営協議会は，地方教育行政の組織及び運営に関する法律（第47条の6）に基づいて，教育委員会規則により，指定された学校の運営に関して協議する機関として「学校運営協議会」を置くことができると

されている。

　指定された学校は，地域と一体化して運営される新しいシステムの学校で，「コミュニティ・スクール」[community school]といわれる。

　指定された学校の校長は，学校運営に関して，教育課程の編成その他教育委員会規則で定める事項に従って基本方針を作成し，「学校運営協議会」の承認を得なければならないとされ，この運営協議会は教育委員会または校長に対して「意見を述べることができる」機関である。

　学校運営協議会は，当該指定学校の職員の採用その他の任用に関する事項についても，当該職員の任命権者に対して意見を述べることができる。この学校運営協議会の権限は次の3つである。
1) 　校長の策定する学校運営の基本的な方針を承認する権限
2) 　学校の運営に関して，教育委員会または校長に意見を述べる権限
3) 　学校の教職員の任用に関して意見を述べる権限

　この「**学校運営協議会制度**」は，コミュニティ・スクール制度ともいわれ，学校と地域住民等が力を合わせて学校の運営に取り組むことが可能となる「地域とともにある学校」への転換を図るための有効な仕組みである。このコミュニティ・スクールは，学校運営に地域の声を積極的に活かし，地域と一体となって特色ある学校づくりを進めていくことができる。

　学校運営協議会の主な役割として，
1) 　校長が作成する学校運営の基本方針を承認する
2) 　学校運営に関する意見を教育委員会または校長に述べることができる
3) 　教職員の任用に関して，教育委員会規則に定める事項について，教育委員会に意見を述べることができる

の3つがある。

　なお，2018年度のコミュティ・スクール（学校運営協議会設置校）は，全国で5,432校（内訳は小学校3,265校，中学校1,492校，高等学校382校，その他）であり，設置校数は，全国の学校数の14.7％にあたっている。

(7) 地域に開かれた教育課程

　これからの教育課程は，学校の創意工夫のもと，児童・生徒たちに多様で質の高い学びを実現するために，学ぶべき内容などの全体像をわかりやすく見渡せる教育課程を作成し，校内はもとより家庭や地域社会に開かれた教育課程とすることが求められている。

　各学校がその教育基盤を整えるにあたり，教育課程を介して地域社会との接点を持つことが，これからの時代においてより重要となる。

　そこで，これからの教育課程では，**カリキュラム・マネジメント**〔curriculum management〕の観点が必要で，以下に示す。

1) 各教科の教育内容を相互の関係で捉え，学校教育目標を踏まえた教科等横断的な視点で，その目標の達成に必要な教育内容を組織的に配列する。
2) 教育内容の質的向上に向けて児童・生徒の姿や地域の現状等に関する調査や各種データ等に基づき，教育課程を編成し，実施し，評価して改善を図るPDCAサイクルを確立することが求められる。
3) 教育内容と教育活動に必要な人的・物的資源等を地域等の外部の資源を含めて活用しながら効果的に組み合わせ実施する。

　そこで，「カリキュラム・マネジメント」の実現に向けては，校長を中心としつつ，教科等の縦割りや学年を越えて，学校全体で取り組んでいくことができるよう，学校の組織や経営の見直しを図る必要がある。そのためには，管理職のみならずすべての教職員がカリキュラム・マネジメントの必要性を十分に認識・理解すると同時に，日々の授業等についても，教育課程全体の中での自分の教科の位置付けを意識しながら教科指導にあたる必要がある。

　また，学習指導要領等の趣旨や枠組みを活かしながら，各学校は地域の実情や児童・生徒の姿などと指導内容を見比べ，関連付けながら，効果的な年間指導計画の立案や，授業時間や週程の在り方等について，校内研修等を通じて研究・改善を重ねていくことも重要である。

　このように，カリキュラム・マネジメントは，すべての教職員が参加することによって，学校の特色をつくり上げていくことが期待される。

　このことは，管理職や教務主任のみならず，生徒指導主事や進路指導

主事なども含めたすべての教職員が，教育課程を軸に自ら学校の役割に関する認識を共有し，それぞれの校務分掌の意義を児童・生徒たちの資質・能力の育成という観点から捉え直す必要がある。

　また，家庭や地域の人々と，児童・生徒にどのような資質・能力を育むかという目標を共有し，学校内外の多様な教育活動がその目標実現の観点からどのような役割を果たせるのかという視点を持つことも重要になる。そのため，校長がリーダーシップを発揮し，地域と対話し，地域で育まれた文化や子供たちの姿を捉えながら，地域とともにある学校として何を大事にしていくべきかという視点を定め，学校教育目標や育成する資質・能力など，学校のグランドデザインを提示し，教職員や家庭・地域の意識や取組の方向性を共有していくことが重要である。また，社会の変化に目を向け，教育が普遍的に目指す根幹を堅持しつつ，社会の変化を柔軟に受け止めていく「社会に開かれた教育課程」としての役割も期待されている。

　このような社会に開かれた教育課程としては，次の点が重要になる。
1) 社会や世界の状況を幅広く視野に入れ，よりよい学校教育を通じて望ましい社会をつくるという目標を持ち，教育課程を介してその目標を社会と共有していく。
2) これからの社会をつくり出していく児童・生徒たちが，社会や世界に向き合い関わり合い，自らの人生を切りひらいていくために求められる資質・能力とは何かを教育課程において明確化し育んでいく。
3) 教育課程の実施にあたって，地域の人的や物的資源を活用したり，放課後や土曜日等を活用した社会教育との連携を図り，学校教育を学校内に閉じずに，その目指すところを社会と共有・連携しながら実現する。

　なお，従前から年度末に実施してきている「学校評価基準」に基づく学校評価も，カリキュラム・マネジメントの手法を活用して，一層の強化を図りたい。

❹ 学校の職員（学校教育法第37条関係）

　学校教育法では，学校には，校長，教頭，教諭，養護教諭，事務職員

を置かなければならないとしている。また，副校長，主幹教諭，指導教諭，栄養教諭，その他必要な職員を置くことができると定めている。
1) 校長の職務は「校務をつかさどり，所属職員を監督する（学校教育法第37条第4項）」ことであり，校務の内容としてあげられていることは，すべて校長に職務責任がある。
2) 副校長は，校長を助け，命を受けて校務をつかさどる。
3) 教頭は，校長・副校長を助け校務を整理し，必要に応じ児童・生徒の教育をつかさどる。
4) 主幹教諭は，校長，副校長，教頭を助け，命を受けて校務の一部を整理し，並びに児童・生徒の教育をつかさどる。
5) 指導教諭は，児童・生徒の教育をつかさどり，並びに教諭その他の職員に対して教育指導の改善及び充実のために必要な指導及び助言を行う。
6) 教諭は，児童・生徒の教育をつかさどる。
7) 養護教諭は，児童・生徒の養護をつかさどる。
8) 事務職員は，学校運営に関わる事務をつかさどる。

❺ 教員の役割と服務

(1) **全体の奉仕者** ［the whole servant］

公立学校の教員は，**教育公務員**［education civil servant］であり，日本国憲法第15条第2項で，「すべての公務員は全体の奉仕者であって，一部の奉仕者ではない」と規定している。具体的な規定としては，教育基本法第9条で「法律に定める学校の教員は，自己の崇高な使命を深く自覚し，絶えず研究と修養に励み，その職責の遂行に努めなければならない。前項の教員については，その使命と職責の重要性にかんがみ，その身分は尊重され，待遇の適正が期せられるとともに，養成と研修の充実が図られなければならない」と規定している。

地方公務員である公立学校の教職員は，住民全体から教育公務遂行の信託を受け，これに対して奉仕しなければならない。

また，**地方公務員法**第30条にも「すべて職員は，全体の奉仕者として公共の利益のために勤務し，且つ，職務の遂行に当っては，全力を挙

げてこれに専念しなければならない」と規定している。

(2) **服務の宣誓**

地方公務員法第31条には「職員は，条例の定めるところにより，服務の宣誓をしなければならない」と規定されている。

(3) **職務上の義務**

教員の仕事は，授業等で生徒と接するだけでなく，いろいろな校務を分掌して学校運営の一翼を担う仕事である。その仕事を進めるにあたって，法律や条令等を踏まえ，かつ教育委員会や校長の指示に従い，職務を遂行する義務がある。

職務を遂行するにあたって守らなければならない義務は，次のように分類できる。

1) **法規及び上司の職務の命令に従う義務**（地方公務員法第32条）

教員は，校長の指示に従う義務があり，指示に従わない場合は，処分の対象となる。

2) **職務に専念する義務**（同法第35条）

職員は，法律や条令等の特別の定めがある場合を除いて「勤務時間及び職務上の注意力のすべてをその職責遂行のために用い」かつ「なすべき職務のみに従事すること」が規定されている。

(4) **身分上の服務義務**

職務の遂行とは別に，公務員という身分によってその行為が制限されるものである。身分上の服務義務は，勤務時間の内外を問わず適用されるものであり，次のようなものがある。

1) **信用失墜行為の禁止**（地方公務員法第33条）

「職員は，その職の信用を傷つけ，または職員の職全体の不名誉となる行為をしてはならない」と規定され，勤務時間中であると否とを問わず禁止している。

2) **秘密を守る義務**（同法第34条）

職務上知り得た秘密は，退職後であっても漏らしてはならない。特に，生徒や保護者の個人情報の管理には十分配慮する。

3) **政治的行為の制限**（同法第36条）

教育公務員の政治的行為は，一般の公務員よりも厳しく制限されてい

る。さらに教員には，政治的中立の義務（教育基本法第 14 条）が課せられ，この規定以外にも，公職選挙法により教員の地位利用が禁止されている。また，教育基本法では，宗教的中立の義務（同法第 15 条）が規定されている。

4) **争議行為の禁止**（同法第 37 条）

公務員は，ストライキなどの争議行為が禁止されており，教員が争議行為に参加することは違法行為となり，処分される。

5) **営利企業等の従事制限**（同法第 38 条）

私企業を営んだり，その事務に従事することは禁止されている。教員が学習塾やピアノ教室などを経営することはできない。特例として，教育委員会の許可を得て，勤務時間外に非常勤講師を勤めることは認められる。

(5) **教職員の勤務時間**

勤務時間とは，教職員が上司の監督を受け，その職務に従事しなければならない時間であって，労働基準法にいう労働時間と同じであり，正規の勤務時間と呼ばれるものである。

労働基準法第 32 条第 1 項に「使用者は，労働者に，休憩時間を除き 1 週間について 40 時間を超えて，労働させてはならない」とし，第 2 項では「休憩時間を除き 1 日について 8 時間を超えて，労働させてはならない」とも規定している。これが労働時間の原則である。また，地方公務員法第 24 条第 5 項には「職員の給与，勤務時間その他の勤務条件は，条例で定める」と規定されている。

最近は，教員の過剰労働の解消が検討され，教科指導以外の部活動の指導や保護者対応等の負担軽減策が検討されている。

❻ 望まれる教師像

わが国の聖職者としての教員の養成は，明治・大正と昭和の第二次世界大戦に敗戦した 1945 年（昭和 20 年）までは，師範学校が担ってきた。

1946 年日本国憲法の施行や 1947 年教育基本法や学校教育法の施行を受けて，一般の大学でも文部省の認定を受けた教職課程講座において所定の教職科目の単位修得により，教員の免許状が取得できるようになっ

た。

そこで戦後は民主的な教師像や労働者としての教師像が主張されてきた。その後1966年に国際労働機関［ILO］とユネスコ［UNESCO］が共同で作成した「**教員の地位に関する勧告**」では，専門職としての教師像が求められ，理想的な教師像として定着してきている。

これからの学校は，地域に開かれ，地域の教育力を各学校は活用すべきであり，かつ学校も選択される時代となっている。

教員は教員免許状を取得さえすれば務まるものでなく，教員としての人格全体が問われる職業であると認識する必要がある。

最近，教員免許状を持たなくとも同等の資格を有すると教育委員会が認めた民間人が校長や副校長に採用されている。この傾向は，社会に開かれた学校づくりの一貫でもある。

特に前述したように，最近制度化されたコミュニティ・スクールには，「学校運営協議会」が設置され，その学校の運営について，管理職や教員や教育委員会に対して指導・助言を行う権限を有しており，各学校の活性化に役立つことが期待されている。

そこで教員は，運営協議会の指摘を謙虚に受け止め，教員の使命を自覚して，自己の研鑽に努めるとともに，それぞれの教育の専門家として，地域の人々の要望をしっかり受け止め，期待に応えられる実力が求められている。

(1) **生徒の個性を尊重する教員**

教員は，一人ひとりの生徒の個性がすべて異なるということを認識し，その違いを認める必要がある。とかく教員は学習成績がよい生徒をすべての面で評価しがちであり，さらに自分の考えを生徒に押し付けることのないようにすることが大切である。生徒を一人の人格者として認めることは，生徒の自分勝手な行動やわがままを認めることではない。

(2) **指導力と専門性を身に付けた教員**

教員として身に付ける最大の要件は，専門家としての指導力を持つことである。専門家である限り，優れた授業をすることが求められている。教員として「わかる授業」の展開が求められるが，生徒が「わかった」だけでは不十分で，それらの知識，技術，情報などを使って「何ができ

るか」ということまで踏み込んで指導することが大切である。

　教育の成果は,「何を学んだか」であり,「何ができるか」が大切である。

　教員としての専門性は, 人間性だけでも, 職業性だけでも成立せず, 人間性と職業性がからみ合って教員としての資質が生み出されるのである。

❼ ホームルーム活動と担任の職務

　学習指導要領では, 特別活動として, 小・中学校では「学級」活動, 高等学校では「ホームルーム」活動が位置付けられている。ここでは, 中学校と高等学校に関する活動については,「ホームルーム」[homeroom]の用語を用いて述べる。

(1)　ホームルーム活動の目標

　ホームルーム活動は,「人間関係の形成」「社会参画」「自己実現」を目指す活動であり, 各教科で学んだ見方・考え方を総合的に働かせて, 学級集団の問題を捉え, よりよい人間関係の形成や集団生活への参画により自己実現を目指している。

　学習指導要領2017年中学校, 2018年高等学校の改訂では, ホームルームは, 学級や学校での生活をよりよくするための課題を見いだし, 解決するために話し合い, 合意形成する場であるとしている。

　また, ホームルーム活動では, 役割を分担して協力して実践したり, 学級での話し合いを活かして自己の課題の解決及び将来の生き方を描くために意思決定する場でもある。

　ホームルーム担任の具体的な指導としては, 集団生活に適応させる指導, 学業に関する指導, 進路の選択に関する指導, 安全教育に関する指導及び豊かな人間性の育成に関する指導などがあげられる。

　担任としては, 生徒との密接な人間関係を築くには, 多様な個性を持つ生徒一人ひとりの違いを把握し, 画一的な指導と個に応じた指導をそれぞれの場面に応じ, 適切な指導法を選択して行う必要がある。

　特に, 課題を抱えている生徒は被害者意識が強く,「注意する仕方や場所等」にも配慮し, 生徒が「自分は先生から差別されている」と誤解

されることのないような指導上の配慮が常に必要である。
(2) **学習指導とホームルーム担任**
　進展の激しい現代社会では，学校で身に付けた知識は，時代の進展とともに陳腐化するが，身に付いた主体的な学び方や学ぶ意欲はこれからの生涯学習社会で活躍する資質として欠かせない。
　そこで，「何のために勉強するのか」などの疑問に，生徒が納得できるように指導することが大切である。このことが生徒の学習意欲を喚起させることになる。
(3) **進路指導とホームルーム担任**
　進路指導［career guidance］は，有名企業に就職するとか，有名大学に入学させることが目的ではなく，生徒一人ひとりが長い人生の中で，どのような生き方を望み，どのような仕事を通して社会に貢献するかを考えさせる指導をすることが大切である。
　また，生徒自らが自己の進路について考え，自己理解に基づき進路を適切に選択することができるよう指導・助言をする。

❽ 学校評価とカリキュラム・マネジメント

　学校教育目標［school education objectives］は，教育基本法や学校教育法等に定められた教育の目的及び教育委員会［board of education］の教育目標等を踏まえ，生徒，学校，地域の実態に即し，学校としての教育理念や目的に留意し，校長のリーダーシップのもと，全教職員の共通理解を得て作成されている。
　この学校教育目標の達成を目指して，校長の責任のもとに全教員の協力によって新年度を迎える年度末までに次年度の教育課程［curriculum］が編成され，日々の教育活動が行われる。この教育活動の成果を評価するものが学校評価で，普通は年度末に実施され，その成果を活用し，次年度の改善充実に活かすのである。
　学校評価［school evaluation］のねらいは，学校教育目標を達成するために行うすべての教育活動について，教育委員会が定めている学校評価基準［school evaluation standard］等を参考として，客観的かつ総合的に評価し，教育活動の改善の方向や改善点をあきらかにするために

行う。

　評価の対象は，すべての教育活動とそれを支えている学校の施設・設備，組織，教育計画などである。

　学校評価にあたっては，教育委員会の定めている学校評価基準を参考として，各学校独自の評価項目や評価の観点を加味するなどして，自校の評価基準を作成し，活用することが望ましい。

　2017年度と2018年度改訂の中学校と高等学校学習指導要領では，教育課程を軸に，学校教育の改善・充実の好循環を生み出す「カリキュラム・マネジメント」の考え方が導入され，その実現を求めている。

　学校評価の目標は，児童・生徒に育成すべき資質・能力をいかに育むかを踏まえて設定し，教育課程を通してその実現を図っていくのであり，カリキュラム・マネジメントと同じとみることもできる。

　つまり，すべての教職員がカリキュラム・マネジメントの必要性を理解し，日々の授業等についても，教育課程全体の中で自分の教科の位置付けを意識しながら指導に取り組むことが求められる。

　特に，今回の改訂で授業実践として求められている「アクティブ・ラーニング」[active learning]の実現を目指す「主体的・対話的で深い学び」の実施は，授業改善や学校の組織や経営の改善と一体的に教育課程に反映させる必要がある。

　具体的には，次の点に配慮する。

1) 各教科等の教育内容を相互の関係で捉え，学校教育目標を踏まえた教科等横断的な視点で，その目標達成に必要な教育内容を組織的に配列する。
2) 教育内容の質の向上に向けて，児童・生徒の姿や地域の現状を踏まえて，教育課程を編成し，実施し，評価し，改善を図るPDCAサイクルの確立を図る。
3) 選定した教育内容と，教育活動に必要な人的・物的資源を地域等の教育力も活用して，効果的に組み合わせて展開する。

❾ 教育委員会の機能

　学校は「公の性質」を持つものであり，学校を設置できるのは，教育

基本法第6条に定められている「国及び地方公共団体と法律に定める法人」である。したがって，**公立学校の設置者**は，「地方公共団体」つまり都道府県，市町村である。私立学校は，法人が設置している。

設置者とその設置する学校との関係について，学校教育法第5条では，「学校の設置者は，その設置する学校を管理し，法令に特別の定のある場合を除いては，その学校の経費を負担する」と規定している。

(1) **設置者が学校を管理する内容**
1) 学校の物的要素である校舎等の施設設備，教材教具等の維持修繕，保管等の物的管理
2) 学校の人的要素である教職員の任免その他の身分の取扱い，服務監督等の人的管理
3) 学校の組織編制，教育課程，学習指導，教科書その他の教材等の運営管理

(2) **教育委員会規則**

教育委員会は，所管する学校等の施設・設備，組織編制，教育課程，教材の取扱いなど，学校の管理運営の基本的事項について，教育委員会規則で定めている。

第2節　中学校における技術教育

ここでは，中学校教育について概括した上で，中学校における**技術教育**［technical education］の目標と課題について述べる。

❶ 中学校教育の目的

中学校教育［junior high school education］の目的は，学校教育法第45条に規定されており，「中学校は，小学校における教育の基礎の上に，心身の発達に応じて，**義務教育**［compulsory education］として行われる**普通教育**［ordinary education］を施すことを目的とする」としている。

さらに同法第46条では，中学校教育の目標が規定され「中学校における教育は，前条に規定する目的を実現するため，第21条各号に掲げる目標を達成するように行われるものとする」と規定し，同法47条に

は「中学校の修業年限は，3年とする」と規定されている。

前述した学校教育法第21条には，「義務教育の目標」として10項目が規定されているが，そのうち特に第4号と第10号の規定が「技術・家庭科」が目指すべき目標である。

つまり，学校教育法第21条第1項第4号では，「家族と家庭の役割，生活に必要な衣，食，住，情報，産業その他の事項について基礎的な理解と技能を養うこと」と規定し，さらに同条同項第10号では，「職業についての基礎的な知識と技能，勤労を重んずる態度及び個性に応じて将来の進路を選択する能力を養うこと」と規定している。

つまり，「義務教育の目標」の規定からみても，「技術・家庭科」は義務教育期間の9年間を通して，もっと重要視されるべき教科である。特に，中学校における「技術・家庭科」の学習時間が少ない現状は，義務教育の目標の規定からみても，改善する必要がある。

ところで，最近の核家族世帯の増加や少子化に伴って，家族構成は，急激に変化しているが，賢く生きていくための衣食住その他の仕組みは少しずつ変えながらも，その基礎的な仕組みの理解と技能は義務教育期間において確実に学習させ，身に付けさせる必要がある。

また，職業に関する指導については，変化の激しい社会において，よりよい暮らしや自立した人間となるために，わが国や郷土の文化を広い視野でながめながら，高い理想を持ち，進んで人生を切りひらくことができるように，義務教育期間中に正しい職業観や勤労観を習得させる必要がある。

(1) **中学校教育の現状**

わが国では，昭和30年代後半から高度経済成長に支えられて，国民の生活は豊かになり，高学歴志向の高まりとともに，高等学校進学率は上昇し，1950年（昭和25年）には43%，1970年（昭和45年）には82%となり，2017年（平成29年）には98%を超えて，中等教育［secondary education］レベルでの教育の機会均等が実現し，**高等学校**［high school］も準義務教育化している現実からみて，将来高等学校も義務教育化すべきとの議論もある。

さらに，大学への進学率も，2017年度54.7%となり，専修学校専門

課程の進学率16.2%を含めると，約7割の生徒が大学等の高等教育機関に進んでいる。このように，学校教育の普及につれて，学歴社会が形成され，受験競争が激化し，その中で児童・生徒や保護者も精神的な余裕を失い，公教育としての学校教育に対しても，不信と批判が出てきている。

社会の要求や変化に従って学校教育も変化すべきところもあるが，現状の高学歴社会では，よい大学中心の受験の影響が中等教育段階にも多大な影響を及ぼしている。

つまり，中等教育が大学受験の予備校化傾向を強めているため，いじめ，登校拒否，校内暴力などに代表される教育病理が深刻になり，特に中学校では，「生徒の成熟度に差異が大きい」，「選抜のための高校入試がある」，「少子化のために集団の中での人間性を鍛える機会が少なくなってきている」，「いじめ等の精神的にも肉体的にも不安定要素を多く抱えている」等々，多くの課題が顕在化している。

学校が受験を中心とする生活の中では，記憶中心，学力中心の学校生活に適応できない児童・生徒の出現は至極当然である。

しかし，現代社会ではAI（人工知能）[Artificial Intelligence]やインターネットなどの科学技術の発展は著しく，社会経済も短いサイクルで急激に変化し，学校で学んだ知識や技術はすぐに陳腐化する傾向がある。すなわち，在学期間を長くしても，人の一生に必要なことをすべて学校で教えることは不可能となっている。

進展するこれからの社会で学校教育に求められることは，生徒たちに「確かな学力」を徹底して身に付けさせるとともに，生涯にわたって学び続ける「態度」や「学び方」を習得させることである。さらに，社会の変化に主体的に対応できる**生きる力**を育成して，「自ら学ぶ力」を身に付けさせ，社会的・職業的に自立できる資質を体得させる。

そこで，2002年度（平成14年度）から完全学校週5日制の実施に伴い，学習指導要領も改訂され，学習内容を縮減し，ゆとりのある教育活動の中で，一人ひとりの児童・生徒が，基礎・基本の確実な定着を図り，個性を活かす教育の充実により，学ぶ意欲や学び方，知的好奇心・探究心を身に付けることにより，「生きる力」としての学力の質の向上を目

指した。

　つまり，児童・生徒たちをはじめ，社会全体に「ゆとり」を生み出し，学校・家庭・地域社会が相互に連携し，児童・生徒たちの健全育成に努めるとの方向が打ち出されたのである。

　しかし 2004 年（平成 16 年）には OECD による PISA2003 の結果が思わしくなく学力低下ではないかという議論が起こった。

　それを受けて，2008 年（平成 20 年）1 月の**中教審答申**では，学習指導要領改訂の基本的考え方として次の 7 観点が答申された。

①　改正教育基本法等を踏まえた学習指導要領の改訂，②　「生きる力」という理念の共有，③　基礎的・基本的な知識・技能の習得，④　思考力・判断力・表現力等の育成，⑤　「確かな学力」を確立するために必要な授業時数の確保，⑥　学習意欲の向上や学習習慣の確立，⑦　豊かな心や健やかな体の育成のための指導の充実

　この答申を受けて，その後改訂された 2012 年度（平成 24 年度）及び 2021 年度実施の学習指導要領では，学力向上を目指し中学校の授業総時数は 2002 年度（平成 14 年度）の 2,940 単位時間から 105 単位時間増加し 3,045 単位時間となった。つまり前出の①～⑦の課題解決が中学校教育において確実に実行されることが求められてきた。

(2)　**中学校教育と問題行動**

　学校教育において，いま緊急に対応が求められている課題に，「いじめ」「不登校」「校内暴力」などがある。

　「いじめ」の発生件数をみると，2017 年度（平成 29 年度）小学校約 2 万 3 千件，中学校約 7 万件，高等学校約 1 万 2 千件で，中学校の発生件数が断然多い。また，**登校拒否**する児童・生徒も増加傾向にあり，文部科学省調査 2017 年度（平成 29 年度）によれば，登校拒否で 30 日以上欠席した者は，小学生約 3 万人，中学生で約 10 万 3 千人である。この数を全体の割合でみると，小学生の 0.5％にあたり，中学生は 3.0％で，小・中の在校生全体での不登校生徒数の割合は，中学生は小学生の 6 倍に達している。

　校内暴力も深刻で，中学校の校内暴力は 2016 年度（平成 28 年度）で 28,690 件に及び，発生数はこのところ年々増加している。

現状は，小学校段階でも**学級崩壊**が発生するなど，問題行動の低年齢化が進む傾向にあるが，中学校も義務教育期間であり，高等学校のように中途退学や進路変更が許されないこともあり，多くの困難な問題が発生している。

前述したように，「いじめ」「不登校」「校内暴力」などの課題を解決する施策の一つとして，学習内容の縮減や学校5日制の導入により，児童・生徒を少しでも学校から解放し，家庭や地域社会で多様な人々との交流や体験活動などの機会を多く設けることにより，子供たちの健全育成の場が多く設けられると期待されていた。

しかし，学力を一面的に捉え，受験のための記憶中心の学力を重視する人々からは「学力が低下している」との批判にさらされた文部科学省は，一転して，発展的内容の指導を認めたり，前述したように学習指導要領を改訂し学習時間を増やすことで，批判に対応した。

また，中学受験や高校受験の課題解消を目指した制度として，義務教育学校や中等教育学校が新設されてきたが，両学校に進学できる児童・生徒は，いわばエリート児童・生徒であり，この施策も，問題行動の解消の施策とはなりえない現実がある。

学校選択の自由化の施策としては，古くから私立学校がその任を果たしてきており，また，特別支援学校は支援を必要とする児童・生徒に対応した施策を講じてきている。

しかし，普通学級の中で課題を抱え支援を必要としている児童・生徒に対して，現状では十分対応しきれていない現実がある。

そこで後述するが，小・中学校時代になかなか能力が発揮できなかった生徒に，やる気を育て，励まし，応援しながら学校生活が充実できる高等学校としてつくられている「エンカレッジスクール」への期待は大きい。

義務教育機関としての公立小・中学校としては，特別支援学校は別として，高等学校のような多様な形態の学校をつくることはできないが，学校の実態に応じて1クラスの学級定員を減らすとか，教科によっては2人の教科担任教員で個に応じたきめ細かい指導に徹するティーム・ティーチング（TT）指導の充実などが必要である。

また，この課題解決の方策の一つとして，教育の規制緩和［deregulation］の一方策である「学校選択制」があるとする意見もあるが，現実には地域の中で「問題児」の少ない「よい学校」を選ぶ制度になる危険性をはらんでいる。

問題行動の解消には，児童・生徒一人ひとりを大切にし，それぞれの個性や資質のよい点に着目し，それぞれの児童・生徒の家庭環境や生育歴などにも着目しながら，保護者と意思疎通を図るとともに，校内の生徒指導部の教員や同学年の教員，養護教諭などとも連携して，個々の児童・生徒へのきめ細かい指導が求められている。

❷ 中学校の技術教育

学校教育における**技術教育**［technical education］は，義務教育期間である小・中学校時代にすべての児童・生徒を対象として普通教育として行う場合と工業科などを設置する専門高校や総合学科高校で専門教育として行う場合に大別できる。

ここでは普通教育として，中学校時代に行う技術教育を取り上げる。

(1) **普通教育としての技術教育の必要性**

現代社会は，情報技術の急速な進歩により，パソコンやスマホなどの情報機器をはじめ，電化製品等が私たちの日常生活に浸透し，家庭生活や社会生活の様式が変化してきている。生徒一人ひとりが，このような社会の変化に主体的に対応できるようにするには，常に新しい科学技術に適応しうるような応用性のある基礎的能力を習得させる必要がある。

そのために普通教育としてすべての生徒を対象に技術教育を行うことが必要となっている。

人間が生きていくためには，自然的環境に適応することが必要であるが，人間は自然に順応するだけでなく，自然に配慮しながら，環境への好ましい積極的な働きかけを通して，生存のための生産活動をすることも必要であり，この生産手段の客観的基準が技術であるといえる。

歴史的には，技術と科学はそれぞれ別々の道をたどって発達した時代もあったが，産業社会の進展に伴って，技術と科学は次第に接近し，科学が技術の基礎となり，両者が一体化し科学技術の発展を支えている。

科学性に富んだ技術を身に付けさせるには，科学的な知識，能力，態度を小学校段階から育み，中学校段階でも系統的に指導することが必要である。
　その場合，技術教育は，細切れの技術を無秩序に指導するのではなく，科学的根拠を踏まえ，系統的に生産的技術として不可欠で最小限の基本的技術内容を指導することが重要である。つまり，単に手先の器用さを身に付けさせるのでなく，科学性豊かな技術を探求する人間の育成を目指すことが必要である。

(2) 職業科から技術・家庭科へ

　わが国で中学校に普通教育として現行の「技術・家庭科」に関係する教科として「職業科」が設けられたのは，第二次世界大戦後の1947年（昭和22年）であった。
　当時の「職業科」には，「農業，商業，水産，工業，家庭」の科目が設けられていた。当時は戦後まもないこともあり，地域の生活実態に対応した科目内容が中心に指導されていた。
　当時の職業科の内容は多岐にわたっており，これらの5つの科目を合わせて1つの教科として体系化することは難しく，かつ女子には「家庭」のみを履修させるという実態もあり，教科としての体系化をさらに難しくしていた。
　そこで，当時の地域や生徒の実態に合った指導内容と指導形態に対応すべく，1951年（昭和26年）の学習指導要領の改訂に伴い，名称は「職業・家庭科」に変更となった。
　当時の職業・家庭科の授業時数は，必修として各学年週4時間を学ばせ，年間140時間を履修させていた。さらに，選択科目としても3〜4単位を履修することができた。
　その後，昭和30年代になるとソ連の人工衛星スプートニク打ち上げに触発されて，科学技術教育［science and technology education］の拡充が求められ，1958年（昭和33年）の学習指導要領改訂では「職業・家庭科」が廃止され，現在に通じる「技術・家庭科」が新設された。
　当時の「技術・家庭科」の目標は，「①　生活に必要な基礎的技術を習得させ，創造し生産する喜びを味わわせ，近代技術に関する理解を与

え，生活に処する基本的な態度を養う。② 設計・製作などの学習経験を通して，表現・創造の能力を養い，ものごとを合理的に処理する態度を養う。③ 製作・操作などの学習経験を通して，技術と生活との密接な関連を理解させ，生活の向上と技術の発展に努める態度を養う。④ 生活に必要な基礎的技術についての学習経験を通して，近代技術に対する自信を与え，協同と責任と安全を重んじる実践的な態度を養う。」としていた。

具体的な指導内容は，「男子向き」は，工業的内容と栽培的内容で構成され，「女子向き」は，従来からの家庭科の内容に「家庭機械・電気」を加えた2系列で構成されていた。

科学技術振興の時代を背景として，必修教科として各学年週3時間履修させ，選択科目としても各学年2単位が設定され，技術・家庭科の全盛期とみることができる。

上記以後の学習指導要領の改訂と技術・家庭科の履修時間の変遷をみると，1969年（昭和44年）改訂までは，各学年週3時間の学習時間は確保されていたが，選択科目の設定はなくなった。1989年（平成元年）の改訂では，さらに1学年，2学年は週2時間，3学年は週2～3時間に減少した。

その後，生活水準の向上と相まって，高学歴志向が一層強まり，高校への進学率が1975年（昭和50年）には90％を超えるようになった。

大学への進学率が高まるに従い，進学に有利な全日制普通高等学校への志望者が増加するとともに，「技術・家庭科」のように直接高等学校入試や大学入試に関係ない教科は軽視される傾向がみられ，学習指導要領改訂のたびに「技術・家庭科」の学習時間は削減されてきた。

技術・家庭科の学習時間は，2012年度（平成24年度）実施からは，1学年及び2学年が70単位時間，3学年が35単位時間と減少し，2021年度から実施の新学習指導要領でも同様である。

❸ 技術科の使命

2017年度（平成29年度）改訂中学校学習指導要領（2021年度実施）の技術・家庭科の目標では，「生活の営みに係る見方・考え方や技術の

見方・考え方を働かせ，生活や技術に関する実践的・体験的な活動を通して，よりよい生活の実現や持続可能な社会の構築に向けて，生活を工夫し創造する資質・能力の育成」を目指している。

また技術分野［technical field］の目標としては，「技術の見方・考え方を働かせて，ものづくりなどの技術に関する実践的・体験的な活動を通して，技術によってよりよい生活や持続可能な社会を構築する資質・能力の育成を目指す」としている。

(1) 技術分野の目標

技術分野の目標としては，「① 生活や社会で利用されている材料・加工・生物育成・エネルギー変換・情報の各技術について，基礎的な理解を図るとともに，それらに係る技能を身に付けさせ，技術と生活や社会・環境との関わりについて理解を深める。② 生活や社会の中から技術に関わる問題を見いだして課題を設定し，解決策を構想し，製作図に表現し，試作等を通じて具体化し，実践を評価・改善するなど，課題解決する力を養う。③ よりよい生活の実現や持続可能な社会の構築に向けて，適切かつ誠実に技術を工夫し創造しようとする実践的な態度を養う。」としている。

2017年改訂の技術科の指導内容は，「材料と加工の技術」，「生物育成の技術」「エネルギー変換の技術」「情報の技術」の4分野で構成されている。

技術分野で育成する資質・能力は，単に何かをつくるという活動ではなく，技術に関する原理や法則や基礎的な技術の仕組みを理解した上で，生活や社会の中から技術に関わる問題を見いだし課題を設定し，その解決方策が最適なものとなるように計画し・設計し，製作し，評価することが求められている。

指導内容のそれぞれの技術は，「基礎的な知識，重要な概念」，「技術を活用した製作・制作・育成」，「社会・環境とのかかわり」に関する項目で構成された。

1) ものづくりを支える能力などの育成を重視する視点から，創造・工夫する力や緻密さへのこだわり，他者とかかわる力（製作を通した協調性・責任感など）及び知的財産を尊重する態度，勤労観・職業観な

どの育成を目指した学習活動を一層充実する。

　また，技術を評価・活用できる能力などの育成を重視する視点から，安全・リスクの問題も含めた技術と社会・環境との関係を理解させ，技術にかかわる倫理観の育成などを目指した学習活動を一層充実する。
2) 技術に関する教育を体系的に行う視点から，小学校での学習を踏まえた中学校での学習のガイダンス的な内容を設定するとともに，他教科等との関連を明確にし，連携を図る。

(2) **中学校技術教育の課題**

　学習指導要領は，およそ10年間隔で改訂されてきた。これまでさまざまな変遷をしてきたが，2017年（平成29年）の改訂では，「社会，環境及び経済といった複数の側面から技術を評価し具体的な活用方法を考え出す力や，目的や条件に応じて設計したり，効率的な情報処理の手順を工夫したりする力の育成について課題がある」との指摘があった。

　また，社会の変化などに主体的に対応し，よりよい生活や持続可能な社会を構築していくため，技術分野では，技術の発達を主体的に支え，技術革新を牽引することができるよう，技術を評価，選択，管理・運用，改良，応用することなどが求められている。

　しかし，昭和40年代の高度経済成長期の技術分野の教育では，特に「ものづくり」に重点が置かれてきた。

　当時はこのことがわが国の産業技術を支え，輸出を増やし国際競争力を維持してきたが，現在ではアジアの先進国の台頭やわが国の少子高齢化などの影響により，国際競争は低下してきている。

　今後もわが国が技術立国として国際競争力を維持するためには，生徒らに「従来の技術を評価，選択，管理・運用する能力」と，「技術を改良して新しい技術を生み出す能力」を育成することが重要である。

　すなわち技術教育において「マニュアルに沿ったものづくり」から「工夫するもの・づくり」に重心を移すことが必要である。

　また，**技術教育の質の向上の鍵を握るのは**，教育現場で授業を担当する教員であることを自覚し，単に関係する教育法規や学習指導要領，教科書，指導書などを参考とするだけではなく，広い視野から技術教育全般に関わる教養と技能を身に付けておく必要がある。

また，学校の教員数は学級数に応じた配置数なので，少子化に伴い学校数も減少し，技術科専任教員数も減少している。
　半数以上の中学校では，技術科の免許を持たない他教科の教員や非常勤講師が技術科の授業を担当している現状がある。
　そこで，技術科の教員志望者は，技術科以外に理科などの他教科の教員免許も取得していれば，採用される可能性が高まるので，それへの対応も期待される。
　技術・家庭科の授業時数が減少している近年では，1，2学年が週2時間，3学年が週1時間の履修であり，期末成績評価を年間通して技術・家庭とする観点から「技術分野」と「家庭分野」を「隔週」で履修する授業形態も増加傾向である。または，1，2学年では2時間の持ち方を1限目を「技術」，2限目を「家庭」とする授業形態もある。このような場合には，生徒側からみれば前者は2週間に1回の「技術」の時間となり授業意欲の低下を招き，後者であれば準備や片付けの時間を入れると授業展開の実時間が不足する，などが課題となっている。

表1-2-1　授業の持ち方の例（2学期制の場合）

	前　期	後　期
1学年	技術分野 35 時間	家庭分野 35 時間
2学年	家庭分野 35 時間	技術分野 35 時間
3学年	技術分野と家庭分野を交互に履修 35 時間	

第3節　主要国の教育体系と技術教育の現状

　各国の教育は，その国の歴史・社会・文化などの諸条件を背景にそれぞれ独自のあゆみがあり，わが国の教育を考える上では，諸外国の教育について理解することは大切である。
　最近，国際的な学力比較調査として，OECDの生徒の学習到達度調査（PISA）や，国際数学・理科教育動向調査（TIMSS）などの調査結果をよりどころに，各国とも国家としての教育基盤の整備を充実させる

取組が行われている。

わが国も，これらの資料をよりどころにして，全国的な学力調査を実施し，児童・生徒の実態を正しく把握し，将来を見据えた学習指導要領の改訂などの改革を進めて，児童・生徒一人ひとりに生きる力を育む努力が推進されている。

ここでは，教育体系を通して主要国の現状を理解するために，イギリス，ドイツ，アメリカの実情についてまとめた。

❶ イギリスの教育体系と技術教育

現在のイギリスの義務教育期間は，1988年の教育改革法に基づき5～15歳までの11年間である。そのうち，5～10歳の6年間が初等学校，11～15歳の5年間が中等学校であり，その学校系統図を図1-3-1に示した。

義務教育が修了すると，GCSE〔General Certificate of Secondary Education〕という義務教育修了試験がある。

GCSEでは，英語，数学，理科のほか，多くの科目が実施されている。

大学進学希望者は，義務教育修了後シックスフォームと呼ばれる高等教育進学準備教育課程に進み，GCSEの結果とその後の2年間のシックスフォームでの学習成績によって合否が決定されている。

義務教育期間における技術教育に関する教科としては，必修教科として「テクノロジー」が設置されていた。

イギリスでの教科「テクノロジー」では，技術の分野を総合的に11年間で学び，設計のプロセスなどを重点的に学習するようになっていた。14歳までは共通の内容を履修させ，その後「テクノロジー」「設計と実現」「設計と伝達」の3領域からの選択履修となっていた。

この内容は，義務教育修了試験の「シラバス」に準じている。

イギリスでの教科「テクノロジー」では，設計分野と設計プロセスの2つからなり，特に設計プロセスを重点的に学習するようになっていた。

設計分野で「製図」「材料と加工法」「エネルギー」「機構」「構造」「電気・電子」「空気力・水力」「制御」「技術と社会」の9領域，すなわち技術の分野を総合的に11年間で学んでいた。

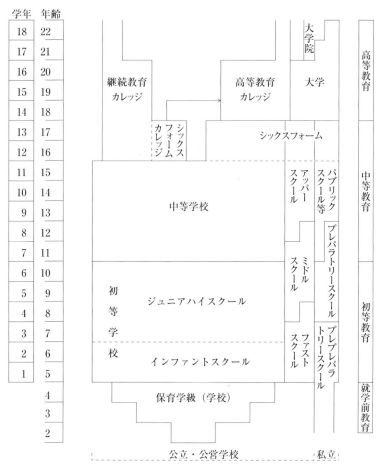

2017年版文科省「諸外国の教育統計」より作成

図1-3-1 イギリスの学校系統図

　1990年のナショナルカリキュラムにおいて，IT［Information Technology］は教科「Design and Technology」で教えていたが，その後1995年のナショナルカリキュラムの改訂で「IT」が独立教科として設置され，初等及び中等教育段階で必修教科となった。

　さらに，1999年の改訂において，「IT」は「ICT」へと教科名が変わり，教科「ICT」では，コンピュータの操作スキルやアプリケーション

の使い方に重きを置いて教えられていた。その後2010年初頭に，教科「ICT」においてコンピュータサイエンスが十分指導されていないとの指摘がなされたことを受け，2013年9月にナショナルカリキュラムが改訂されて，教科「ICT」は「Computing」へと教科名が変わり，2014年9月より実施されている。教科「ICT」が，ICTリテラシーや情報活用能力の習得を中心としていたのに対し，**教科「Computing」**は，アルゴリズムの理解やプログラミング言語の学習を取り入れるなど，コンピュータサイエンスの内容が充実された。

初等学校の1,2年生では，アルゴリズムを理解させ，簡単なプログラムの作成とデバッグができ，かつテクノロジーの安全な利用や個人情報保護について指導している。

初等学校の3～6年生では，コンピュータネットワークの仕組みを理解し，いろいろなソフトウェアの活用について指導している。

中等学校の7～9年生では，社会生活の課題などを解決するプログラムの制作やコンピュータを使った創造的なプロジェクトの課題解決への指導を実施している。

中等学校10,11年生では，デジタルメディアや情報通信に関する知識を学び，コンピュータを活用して問題解決の力を身に付けられるように指導している。

指導時間は，初等学校では週当たり1時間，年間30時間程度であり，指導者は専任がおらず学級担任が指導している。

中等学校では，教科「Computing」については，教科「ICT」を指導していた専任の教員が指導にあたっている。

ただし，教科「Computing」の教員が不足しており，数学や理科の教員が指導する学校もある。

❷ ドイツの教育体系と技術教育

ドイツの学校系統図は，図1-3-2であるが，複線型の制度であり，義務教育期間は，初等教育としての6歳から9歳までの4年間が基礎学校（グルントシューレ）期間で，その後の10歳から14歳までの5年間は中等教育期間であり，計9年間が義務教育期間となっている。

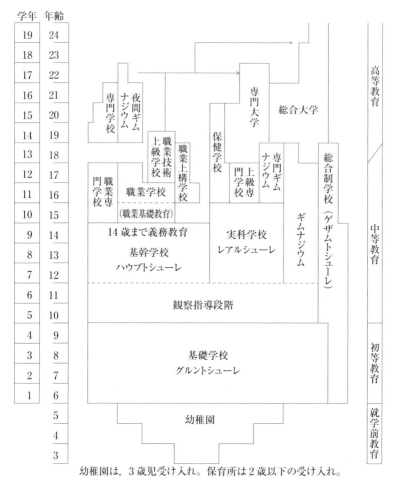

幼稚園は，3歳児受け入れ。保育所は2歳以下の受け入れ。

2017年版文科省「諸外国の教育統計」より作成

図1-3-2　ドイツの学校系統図

　4年間の基礎学校卒業後の10歳からの2年間は，生徒の観察指導段階が設けられており，生徒の能力や適性に応じて，その後の進路は，ハウプトシューレ（基幹学校）やレアルシューレ（実科学校）及びギムナジウムのいずれかに進むことになる。さらに，列記した3コースを総合化した総合制学校（ゲザムトシューレ）も少ないが設置されている。

基礎学校卒業後就職を希望する生徒には，ハウプトシューレという5年制の学校が設けられ，職業教育学校に進む生徒には6年制のレアルシューレがある。大学進学を希望する生徒には，8～9年制のギムナジウムから総合大学への進学コースも設けられている。なお，希望に応じて義務教育修了後，職業専門学校を卒業しても，専門大学進学の道も開かれている。
　職業準備教育としては，4年間の基礎学校を修了し，ハウプトシューレや総合制学校を中心に，前期中等教育の観察指導段階から，「労働科」などの教科の学習が設けられる。
　このような授業に加えて，学年が上がり第8，9学年になると，ほぼすべての州で職場訪問あるいは企業実習を実施している。
　企業実習は，ハウプトシューレやレアルシューレでは生徒全員が行い，ギムナジウムでは希望者を対象として実施されている。
　職業学校に通いながら，主に企業内で職業訓練を受ける二元的なシステムであるデュアルシステムによる職場教育は，ハウプトシューレ（基幹学校）では，卒業後すぐに受講する生徒が多い。
　レアルシューレ（実科学校）は6年制で，将来の中級技術者や中下級ホワイトカラーを目指す者が多く，上級専門学校や専門大学に進学する生徒もいる。ギムナジウムは8～9年制で，大学進学を目指す生徒が大学入学資格を得るために学んでいる。
　ドイツの義務教育は，15～16歳で終了する。しかし18歳になるまでは，全日制学校に通学していない者は，徒弟として就職するかたわら定時制職業学校に通学するデュアルシステムが設けられている。
　生徒は週1～2日は職業学校で学び，週3～4日は企業にて実地訓練を受けるシステムである。
　現在の職業は細分化してきているため，デュアルシステムでは，境界領域を超えた分野の対応ができず，フレキシブルでなくなっており，制度疲労がみられる。
　著者が訪問した州立「テクニカルシューレ ベルリン」は，デュアルシステムを支える昼間部と夜間部を持った学校で，1,200名が学んでおり，学校には政党代表，行政関係者，企業代表者，労働組合代表者で構

成する経営委員会があり，そこで学校の運営方針が決められていた。

この学校で学ぶには，就業の経験が必要であり，職場探しが困難な現状があった。

技術教育に関する指導は，初等教育にあたる基礎学校の1～4年生までの4年間では，「工作」が週1～2時間程度指導されている。

中等教育段階の5～9年生では，学校や地域によっても異なるが，週2～3時間程度の技術教育が行われている。また，「労働科」の中で「技術」に関する指導もなされている。

指導する技術の内容は，「製図」「木材加工」「金属加工」「機械」「電気」などである。また，州によっては，「労働科」の中に「技術」の科目などがあり，「情報と通信」「生産の自動化」「労働と人間と環境」などの指導がなされている。

❸ アメリカの教育体系と技術教育

アメリカは，州ごとに制度が異なるが，図1-3-3がその系統図である。

小学校は，6歳入学の1～5年生までの5年制が多い。

中学校は，6～8年生の3年制が主である。

高等学校は9～12年生の4年制が主である。

義務教育期間は，多くは小学校に6歳で入学し（州により7歳と8歳の入学もある），義務教育期間は9～12年であるが，12年間が多い。

小学校の1～5年生では，**教科「テクノロジー」**が開設されている学校と「社会科」や「科学」などの教科で指導されている場合がある。中学校の6～8年生では，必修教科として「テクノロジー」が指導されている。

高等学校の9～12年生では，「テクノロジー」や「産業テクノロジー」という名称で技術教育が行われているが，必修教科だけでなく，選択必修教科や自由選択教科などとしても設定されている。

2000年には，技術リテラシーのスタンダードとして，「生徒が身に付けるべき技術リテラシー」がアメリカの技術教育関係者団体や国際技術教育学会でまとめられている。

アメリカの技術教育は，1980年代以降，「産業科」から「テクノロジー」

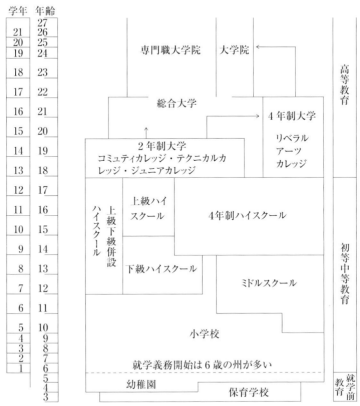

2017 年版文科省「諸外国の教育統計」より作成

図1-3-3 アメリカ学校系統図

へ移行し,「工業関係技術」「コンピュータの技術体系」「キャリア教育」などを基調とした指導体系であった。

　学習分野は,「情報・通信」「製造」「エネルギー」「動力」「輸送」「建設」「バイオテクノロジー」「キャリア教育」などである。

　これらについて,初等教育では工作活動を中心とした多様な学習活動を行い,中学校では上記の学習分野をすべて学び,高等学校では,発展的な内容を選択履修し,後半にあたる部分で,職業教育として深く学ぶ

3. 主要国の教育体系と技術教育の現状　43

形態である。

　著者が訪問したジョージア州立マックスウェル技術高等学校は，地域の12の高等学校から，希望する生徒が，午前部500名，午後部600名が通学してくる技術教育センター機能を備えている高等学校であった。2年制で11，12年生（16，17歳）が通学してくる。

　学習の1コースの定員は25名で次の19コースが設けられていた。① 自動車整備，② 自動車板金整備，③ コンピュータ技術，④ 建築，⑤ 美容術，⑥ 商業，⑦ 製図，⑧ 幼児保育，⑨ エレクトロニクス，⑩ グラフィックアーツ，⑪ 園芸，⑫ ガードマン養成，⑬ 機械加工，⑭ 医療サービス，⑮ 溶接，⑯ 英語指導，⑰ 言語術，⑱ 数学，⑲ 職業指導，である。

　午前か午後3時間で，1.5単位修得し，2年間で6単位修得できる（日本の単位制に換算すれば12単位に相当）。

　工業系だけでなく，多くの職業分野の実技指導を実施していた。

　つまり，各家庭で日常使われている自動車を受け入れ，車検整備を行ったり，美容や保育なども，実際に婦人や幼児を受け入れ，実体験に基づく学習ができる高等学校であった。わが国でもこのような形態の技術高等学校をつくり，地域の何校かの普通高校から就職希望の生徒を受け入れて，実際的な技術指導をする「技術センター高校」の設置に期待したい。

第 2 章 中学校教育の現状と課題

　ほとんどの生徒たちは，3月末に小学校を卒業すると，準備期間も少なく4月当初に地域の中学校に入学することになる。
　生徒たちにとっては，教育環境や教育体制が大きく変わることにより，中学校教育にスムーズに適応できない生徒も出てくる。
　特に中学校では，授業形態も教科担任制となり，多様な教科や各教科担当教員へ対応しなければならず，また他校の小学校出身者のクラスメイトも多くなり，同級生との友人関係づくりにも神経を使うことになる。
　スムーズに中学校生活がスタートしても，途中で友人関係でつまずいたり，学習成績に遅れが出てきたりすると，卒業後の高等学校への進路選択が課題としてのしかかってくるなど，多くの生徒は何かしらの課題を抱えて，中学校生活を過ごしている姿がある。
　しかし学習の定着に必要な家庭学習時間の調査では，1日に1時間未満の生徒が約3割存在する（2014年度文科省学習状況調査）。
　その理由には，「学校の授業がわからない」とか，「主体的な学びの方法が身に付いていないので自分で問題を解決できない」，もともと「家庭学習の習慣が定着していない」などがあげられている。
　その対策としては，個に応じたきめ細かい指導を目指して，少人数で補充的な学習を行ったり，1教室に2人の教員を配置して授業を行うティーム・ティーチング［team teaching］の授業方式が実施されてきた。
　しかし生徒数の減少に伴い技術科や家庭科教員は各校1名，あるいは各学校にどちらか1名または他教科の免許外教科担当教員の配置となり，ティーム・ティーチングの対応は難しい現状にある。
　技術分野の授業の課題としては，最近の中学生の特質として，体力不足の生徒が増えており，例えば棒やすりや両刃のこぎりの使用時に材料をしっかりと手足で固定することができない。また，人間関係を築くこ

とが苦手な生徒も増えているので，2人1組で作業すべきところでも，1人で勝手に作業を進めてしまい，その後の修正に時間を費やしてしまう。

思考力・判断力が不足している生徒は，作業工程や手順を説明しても何度でも同じことを質問ばかりして，授業が前に進めないこともある。

2002年度（平成14年度）から技術・家庭科［industrial arts and home economics］の指導内容は「技術分野」と「家庭分野」の2つの分野に分けられているが，男女共修である。そして技術・家庭の授業時数は1，2年生が70時間，3年生が35時間と定められたので，3年生では「技術分野」と「家庭分野」を交互に授業を行うと，17.5時間が技術分野の担当時間である。

日本の普通教育としての「技術科」の学習期間（中学校だけの3年間）は，OECD加盟国の中で最短である（日本産業技術教育学会資料より）。

特に中学3年生は，1年間の技術科の授業時数は17.5単位時間であり，毎年授業時数の不足を体感している。そのため，年度初めに作成する教育計画は，3年間を見通した指導計画をしっかりと立て，PDCAサイクルを取り入れて授業改善を適時・適切に行う。さらに，指導法やその評価の効率化と改善に努め，授業準備の時間も確保し，安全点検，機器の保守点検など日常の業務の工夫・改善の意識を高く持ち続けながら，充実した授業を推進する必要がある。

第1節　中学校技術科の現状

大学生同士で，出身中学校の登校時間や時程をはじめ放課後等の過ごし方などを話題にすれば，学校により少しずつ様子が異なっていることがわかる。その理由は，各学校は，設置者及び地元の地域性や保護者の要望などを踏まえて運営されているからである。

❶ 技術科教員の業務

(1)　中学校教員の一日の勤務事例

ここでは，技術科教員のある一日の勤務内容を記した。

8時　　　　　出勤　ID カードを読み込ませる（校務システム起動）
8時30分　　職員室で朝の打ち合わせ
8時40分　　担任するクラスで出欠席確認，健康調査
　　　　　　本日の日程等，連絡事項の伝達・確認
8時50分～ 9時40分　1校時　1年生 A 組の授業
9時50分～10時40分　2校時　1年生 B 組の授業
10時50分～11時40分　3校時　1年生 C 組の授業
11時50分～12時40分　4校時　1年生 D 組の授業
12時50分～13時10分　学級担任として昼食兼指導
13時10分～13時30分　昼休み
13時30分～14時20分　5校時　3年生 A 組　情報の授業
14時30分～15時20分　6校時　授業の評価シートの採点業務
15時25分～15時50分　担任クラスのショートホームルーム
　　　　　　　　　　　事務連絡・清掃終了後，一般生徒帰宅
16時10分　　放送委員会の月例会
16時40分　　委員会終了後，部活指導始まる
17時40分　　部活動終了
18時30分　　校務終了，残務整理
18時50分　　ID カードを読み込ませて退勤する

　このような勤務形態が毎日続くのである。このほかに年間を見通すと入学式や家庭訪問，体育大会や運動会，修学旅行や自然教室，文化祭や合唱祭，高校入試対応，卒業式などの行事の準備会議や期末考査試験やその採点，通知表や連絡票作成など，業務は多彩である。
　さらに，放課後の部活動なども行わなければならない。教員の勤務時間は全国的には8時30分から17時までが多いが，実際にはそれを超えて学校に居残り，事務処理をしなければ仕事が終わらない現状である。
　特に3年生の担任になると進路指導業務も加わり，進路面談や入試資料の作成・点検・提出などで，締め切りとミスの許されない緊張感を強いられながら，さらに長時間勤務することとなる。
　教員の仕事内容は，地域に開かれた学校としての業務や部活動や保護者対応など増加傾向にあるが，現在教員の業務軽減の方策も検討されて

おりその成果に期待したい。

　学校は，初任者の教員にとっても，勤務したその日から即戦力として，効率的に働くことが要求される職場である。

(2) **成績処理業務**

　個人情報保護の観点や校務処理の効率化から，毎日の出欠席，成績処理や通知表作成は校務処理システムで処理する学校が増えている。

　しかし，教育専用のイントラネットの中で許可されたパソコンしか接続できないので，日々の評価データの入力も職員室の割り当てられたパソコンから入力操作をしなければならない。

　家庭のインターネットからのデータの入力や，個人持ちの USB メモリに評価データを仮入力しておいて効率的に作業したいが，データの入った USB メモリを紛失する事故が多く，個人持ち USB メモリの使用は禁止事項になっている都道府県が多い。

　なお期末試験の採点などの業務は，原則学校で行うこととなり，自宅に持ち帰っての採点などは個人情報の持ち出しとなるので，そのつど管理職の許可が必要である。

　最近では，定期試験後の放課後は部活動は中止として，生徒は一斉下校とし，事務処理日や採点時間を確保する中学校も多い。

　データ処理業務としては，以下のようなものがある。

① 　毎日の出欠席状況，② 　評価の入力，③ 　期末考査の成績の入力，
④ 　生徒所見の入力，⑤ 　総合的な学習の時間や係活動の記録の入力，
⑥ 　学習計画の記録

　このような業務を年間通して行うが，どの処理に何時間かかるかを記録し，業務管理に役立てることが大切である。特に学期末の業務処理の時期には，それらのデータの印刷や点検・修正にも時間が必要となる。

　例えば，1学期末の7月の何週目までには，前処理業務をどこまでしておくべきかなどの計画立案を行うことにより，校務処理を正確かつ能率的に処理することができる。

　また，それらの処理と併行して授業準備はもちろん，学年行事や三者面談の準備，学年会など，放課後も会議がありその対応も必要となる。

　時には，その時期に生徒の問題行動が発生すれば，その対応に時間が

割かれる事態にも対応できるようにしておく必要がある。

(3) **学校規模と技術科教員の配置**

技術科教員は，24学級程度の規模の中学校ならば2名配置される。

また，同時に家庭科教員も2名配置される。しかし学級規模が15学級以下の規模ならば技術科教員1名，家庭科教員は非常勤講師であったりもする。そのような場合には専任が授業の一部を担当したり，成績管理，教材教具管理もすべて専任の技術科教員が責任をもって行う必要がある。

9学級以下の規模ならば技術分野と家庭分野の両方の授業を担当する学校もある。家庭分野の免許がないときには免許外教科担任制度を利用して，他教科の教員や技術科担当が家庭分野を担当する場合もある。

また，「技術・家庭科」担当教員が配置されず，他教科担当教員が担当する「**免許外教科担任制度**」を活用する場合もある。

この制度は，「中学校，高等学校，中等教育学校の前期課程・後期課程，特別支援学校の中学部・高等部において，相当の免許状を所有する者を教科担任として採用することができない場合に，校内の他の教科の教員免許状を所有する教諭等（講師は不可）が，1年に限り，免許外の教科の担任をすることができる」制度である。

校長及び主幹教諭等が，都道府県教育委員会に申請し，許可を得ることが必要となる（教育職員免許法附則第2項）。

(4) **クラス担任としての責任**

中学校では，教員として2年目ともなれば，学級担任に任命される場合が多い。一般的に教員は，担当教科の授業を行う専門性を高めると同時に，クラス担任になれば自分のクラスの30〜40名の生徒をわが子同然に指導する責任が生ずる。担任の仕事は，多様な生徒たち一人ひとりの可能性を信じて，時には裏切られることもあるが，個々の生徒の特質の伸張に努め，将来に期待して愛情を注ぐ努力を惜しんではならない。

また，日常的に保護者との信頼関係に努め，課題などが生じたときには気軽に相談してもらえる関係づくりが求められる。

❷ 技術・家庭科と学習指導要領

(1) 技術・家庭科の新設

1) 1958年（昭和33年）の学習指導要領告示（1962〜1971年度実施）

　この年の改訂学習指導要領は，従来の「試行」から法的拘束力を持つ教育課程の基準として明確化された。教科「職業・家庭科」は再編されて，「技術・家庭科」が新設され，履修形態は男女別学で，各学年の履修時間は105時間となった。

　学習内容は，設計・製図，木材加工，金属加工，栽培，機械，電気及び総合実習であった。学習指導要領の中では，各学年の学習内容の各項目や配列例は示されていたが，適切な組織順序をもった指導計画を作成すれば地域の実態に即した学習展開が可能であった。

　次の4点が教科の目標である。

① 生活に必要な基礎的技術を習得させ，創造し生産する喜びを味わわせ，近代技術に関する理解を与え，生活に処する基本的な態度を養う。
② 設計・製作などの学習経験を通して，表現・創造の能力を養い，ものごとを合理的に処理する態度を養う。
③ 製作・操作などの学習経験を通して，技術と生活との密接な関連を理解させ，生活の向上と技術の発展に努める態度を養う。
④ 生活に必要な基礎的技術についての学習経験を通して，近代技術に対する自信を与え，協同と責任と安全を重んじる実践的な態度を養う。

　指導計画の作成及び学習指導の方針は，以下のように示された。

① 技術・家庭科は主として実践的活動を通して学習させる教科であるから，実習を中心にして計画し，指導する。この場合単なる技能の習熟に片寄らないように留意する。
② 各学年の学習内容・項目の組織や配列は，必ずしもそのまとめ方や指導の順序を示すものではない。そこで，「第1目標」および各学年の目標や指導上の留意事項をじゅうぶん考慮して，適切な組織順序をもった指導計画を作成して指導することが望ましい。
③ 内容の項目に示してある「（実習例）」は，その項目に示してある基礎的な事項を学習させるのに適当なものを例示した。指導計画を作成する場合，学校の事情や生徒の必要などを考慮して，この事例にならっ

て適切なものを取り上げるようにする。
④ 指導計画の作成にあたっては，生徒の学習のための集団の作り方や時間割などをくふうして，指導が円滑に行われるようにする。
⑤ 学習の環境を整備し，実習のために服装を整えさせ，各種の規定を守らせ，安全・清潔・あとかたづけなどに留意させて，事故防止に努める。

技術・家庭科として最初の学習指導要領の中での指導計画や学習指導の方針は，現代でも学ぶべき考え方が記述されている。

（資料　国立教育政策研究所　学習指導要領データベースより）

2）1969年（昭和44年）の学習指導要領告示（1972～1980年度実施）
教育課程の現代化が図られ，年間授業時数の規定が最低時数から標準時数へと変更された。

次の3点が教科の目標である。

生活に必要な技術を習得させ，それを通して生活を明るく豊かにするためのくふう創造の能力および実践的な態度を養う。

このため，
① 計画，製作，整備などに関する基礎的な技術を習得させ，その科学的な根拠を理解させるとともに，技術を実際に活用する能力を養う。
② 家庭や社会における技術と生活との密接な関連を理解させ，生活を技術的な面からくふう改善し，明るく豊かにする能力と態度を養う。
③ 仕事を合理的，創造的に進める能力や協同・責任および安全を重んじる態度を養う。

履修形態は，男女別学で履修時間は各学年105時間であった。

3）1977年（昭和52年）の学習指導要領告示（1981～1992年度実施）
ゆとりある充実した学校生活を目指して必修教科の授業時数の削減等が行われ1，2年生は70時間，3年生は105時間となり，1，2年生の必履修授業時間が初めて削減された。

次が教科の目標である。

生活に必要な技術を習得させ，それを通して家庭や社会における生活と技術との関係を理解させるとともに，工夫し創造する能力及び実践的な態度を育てる。

学習領域は「A　木材加工1・2」,「B　金属加工1・2」,「C　機械1・2」,「D　電気1・2」,「E　栽培」,「F　被服1・2・3」,「G　食物1・2・3」,「H　住居」,「I　保育」の17領域にまとめられた。

指導計画の作成と内容の取扱いについては，次のように示された。

① AからIまでの17の領域のそれぞれに充てる授業時数は，20単位時間から35単位時間までを標準とすること。

② 学校においては，地域や学校の実態及び生徒の必要並びに男女相互の理解と協力を図ることを十分考慮して，AからIまでの17の領域の中から男女のいずれにも，7以上の領域を選択して履修させるものとすること。この場合，原則として，男子にはAからEまでの領域の中から5領域，FからIまでの領域の中から1領域，女子にはFからIまでの領域の中から5領域，AからEまでの領域の中から1領域を含めて履修させるように計画すること。

4) 1989年（平成元年）の学習指導要領告示（1993～2001年度実施）

社会の変化に自ら対応できる心豊かな人間の育成や，知識の詰め込みよりも関心や思考・表現を重視する新しい学力観の育成を目指した。

学習内容は，男女同一の共修扱いとなり，「A　木材加工」,「B　電気」,「C　金属加工」,「D　機械」,「E　栽培」,「F　情報基礎」（新設）,「G　家庭生活」（新設）,「H　食物」,「I　被服」,「J　住居」,「K　保育」の11領域に再編された。

履修時間は1，2年生は70時間，3年生は70～105時間となり，3年生の必履修授業時間がまたも削減できる規定になった。

教科の目標は，次の通りである。

生活に必要な基礎的な知識と技術の習得を通して，家庭生活や社会生活と技術とのかかわりについて理解を探め，進んで工夫し創造する能力と実践的な態度を育てる。

指導計画の作成にあたっては，次の事項に配慮することとされた。

① 学校においては，地域や学校の実態及び生徒の特性等に応じて，指導内容のAからKまでの11の領域のうちから7以上の領域を履修させるものとする。その際,「A　木材加工」「B　電気」「G　家庭生活」及び「H　食物」の4領域については，すべての生徒に履修させる。

② 「A　木材加工」及び「G　家庭生活」の2領域については，第1学年で履修させることを標準とする。
③ 指導内容のAからKまでの各領域に配当する授業時数については，「A　木材加工」「B　電気」「G　家庭生活」及び「H　食物」の各領域はそれぞれ35単位時間を標準とし，それ以外の各領域はそれぞれ20単位時間から30単位時間までを標準とすること。（④⑤は省略）

5) 1998年（平成10年）の学習指導要領告示（2002〜2011年度実施）

基礎・基本を確実に身に付けさせ，自ら学び自ら考える力などの「生きる力」の育成を目指した。学校週5日制が実施され，評価方法が相対評価から絶対評価方法となった。

履修時間は1,2年生は70時間，3年生は35時間と大幅に削減された。

技術・家庭科は，この改訂から技術分野，家庭分野の2分野に再構成され，検定教科書も分野別の2冊の教科書が生徒に配布され，その教科書は3年間使用することになった。

① 技術・家庭科の目標

生活に必要な基礎的な知識と技術の習得を通して，生活と技術とのかかわりについて理解を深め，進んで生活を工夫し創造する能力と実践的な態度を育てる。

② 技術分野の目標

実践的・体験的な学習活動を通して，ものづくりやエネルギー利用及びコンピュータ活用等に関する基礎的な知識と技術を習得するとともに，技術が果たす役割について理解を深め，それらを適切に活用する能力と態度を育てる。

技術分野は，改訂前の11領域から「A　技術とものづくり」及び「B　情報とコンピュータ」の2領域に再構成された（図2-1-1）。

6) 2008年（平成20年）の学習指導要領告示（2012〜2020年度実施）

平成20年改訂の学習指導要領では，基本方針として学力の3要素「基礎的な知識及び技能」「思考力，判断力，表現力等」及び「主体的に学習に取り組む態度」の育成を目指した。

○「技術・家庭科」の目標

生活に必要な基礎的・基本的な知識及び技術の習得を通して，生活と

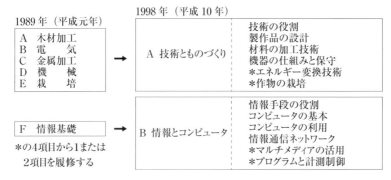

図2-1-1　告示による指導領域の変遷（1989年→1998年）

技術とのかかわりについて理解を深め，進んで生活を工夫し創造する能力と実践的な態度を育てる。

○「技術分野の目標」

　ものづくりなどの実践的・体験的な学習活動を通して，材料と加工，エネルギー変換，生物育成及び情報に関する基礎的・基本的な知識及び技術を習得するとともに，技術と社会や環境とのかかわりについて理解を深め，技術を適切に評価し活用する能力と態度を育てる。

　履修時数は1年生及び2年生が70単位時間，3年生が35単位時間である。図2-1-2のように，A，Bの内容がA，B，C，Dの4つの内容に再構成され，4内容ともに必履修となった。

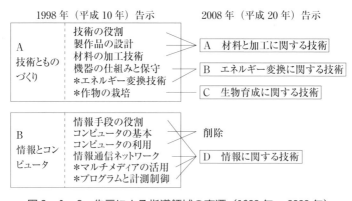

図2-1-2　告示による指導領域の変遷（1998年→2008年）

各内容の具体的な改訂事項は以下の通りである。
① 基礎的・基本的な知識と技術を習得させるとともに，これらを活用する能力や社会において技術を評価し活用する能力と態度を育てる。
② 技術に関する教育を体系的に行う視点から，中学校において学習する必要性等について学ぶ「ガイダンス」的な内容を設定する。
③ 創造・工夫する力や知的財産を尊重する態度，勤労観，職業観などの育成を重視する。
④ 技術を評価・活用できる能力の育成につながる学習活動を充実する。
⑤ 以前「情報とコンピュータ」の指導内容であったコンピュータの操作や利用に関する内容は，小学校において指導することが学習指導要領総則において明記されたことから，削除された。

7) 2017年（平成29年）の学習指導要領告示（2021年度実施）

今回の学習指導要領の作成においては，大臣の諮問の後に初めて全体の論点整理の後に各教科の改善に関する議論がなされて，2017年3月に答申された。改訂により，学校教育を通じてよりよい社会づくりを目指すという「社会に開かれた教育課程」を理念としている。このことから，技術・家庭科の目標の実現のほかに，他教科との相互の連携を図り教育効果を上げるカリキュラム・マネジメントを各学校でも確実に実行することが同時に求められている。

○「技術分野の目標」

技術の見方・考え方を働かせ，ものづくりなどの技術に関する実践的・体験的な活動を通して，技術によってよりよい生活や持続可能な社会を構築する資質・能力を次のとおり育成することを目指す。
① 生活や社会で利用されている材料，加工，生物育成，エネルギー変換及び情報の技術についての基礎的な理解を図るとともに，それらに係る技能を身に付け，技術と生活や社会，環境との関わりについて理解を深める。
② 生活や社会の中から技術に関わる問題を見いだして課題を設定し，解決策を構想し，製作図等に表現し，試作等を通じて具体化し，実践を評価・改善するなど，課題を解決する力を養う。
③ よりよい生活の実現や持続可能な社会の構築に向けて，適切かつ誠

実に技術を工夫し創造しようとする実践的な態度を養う。

目標の①では,「知識及び技能」,目標②では,「思考力,判断力,表現力等」,目標の③では「学びに向かう力,人間性等」について,目標として明示されている。

①に知識という語句はないが理解を図ることで知識として定着させるというねらいがある。また目標文中にある技術とは他教科からみると技能でありテクノロジーでもある。

改訂により,図2-1-3のように,再編成された。

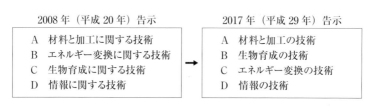

図2-1-3 告示による指導領域の変遷(2008年→2017年)

改訂により各教科においては,「主体的・対話的で深い学び」が求められている。

深い学びは,技術の見方・考え方を働かせながら,生活や社会における問題を見いだして課題を設定し,解決方策が最適なものとなるよう設計・計画し,それに従い「製作・制作・育成」等を行い,その解決過程や解決結果を評価・改善するという活動を通して達成される。

従来のように板材で製作物をつくったとか,ラジオのキットで製作しただけでは深い学びは達成できない。

そこで主体的に興味ある題材を導入して,見通しを持ってねばり強く取り組んだり,振り返って発展的に次の行動に主体的につなぐ学習が展開するような教材開発が求められる。

新教科書は2021年度から新1年生に配布される。しかし2,3年生はその前に配布されているものを使用しなければならない。

新教科書との内容の差異は,教科書会社の資料などを利活用して,改訂された内容を計画的に2,3年生にも完全実施する必要がある。

❸「技術・家庭科」の技術分野の指導内容

2017年改訂の学習指導要領の解説には，次のように示されているので，指導にあたってはその展開に配慮する必要がある。

(1) 　A　材料と加工の技術
1) 　生活や社会を支える材料と加工の技術について調べる活動などを通して，次の事項を身に付けることができるよう指導する。
   ① 　材料や加工の特性等の原理・法則と，材料の製造・加工方法等の基礎的な技術の仕組みについて理解させること。
   ② 　技術に込められた問題解決の工夫について考えさせること
2) 　生活や社会における問題を，材料と加工の技術によって解決する活動を通して，次の事項を身に付けることができるよう指導する。
   ① 　製作に必要な図を描き，安全・適切な製作や検査・点検等ができること。
   ② 　問題を見いだして課題を設定し，材料の選択や成形の方法等を構想して設計を具体化するとともに，製作の過程や結果の評価，改善及び修正について考えさせること。
3) 　これからの社会の発展と材料と加工の技術の在り方を考える活動などを通して，次の事項を身に付けることができるよう指導する。
   ① 　生活や社会，環境との関わりを踏まえて，技術の概念を理解させること。
   ② 　技術を評価し，適切な選択と管理・運用の在り方や，新たな発想に基づく改良と応用について考えさせること。

ここでは，「材料と加工の技術」の見方・考え方を働かせた実践的・体験的な活動を通して，生活や社会で利用されている「材料と加工の技術」についての基礎的な理解を図り，それらに係る技能を身に付け，「材料と加工の技術」と生活や社会，環境との関わりについて理解を深める。

さらに，生活や社会の中から「材料と加工の技術」に関わる問題を見いだして課題を設定し解決する力，よりよい生活や持続可能な社会の構築に向けて，適切かつ誠実に「材料と加工の技術」を工夫し創造しようとする実践的な態度を育成することをねらいとして指導する。

なお，「材料と加工の技術」の「見方・考え方」としては，生活や社

会における事象を,「材料と加工の技術」との関わりの視点で捉え,社会からの要求,生産から使用・廃棄までの安全性,耐久性,機能性,生産効率,環境への負荷,資源の有限性,経済性などに着目させる。

また,材料の組織,成分,特性や組み合わせる材料の構造,加工の特性等にも配慮し,材料の製造方法や,必要な形状・寸法への成形方法等を最適化する理由などを学ばせる。

ここでの社会からの要求としては,例えば,自然災害から身を守り,快適な生活環境を維持したいという人々の願いなどについて考えさせる。

これらの内容及び前記1)から3)の項目に配当する授業時数と履修学年については,生徒の発達の段階や興味・関心,学校や地域の実態,他教科等との関連を考慮し,分野目標の実現を目指した3学年間にわたる全体的な指導計画に基づき各学校で適切に定める。

例えば,上記1)において,学習した事項が他の材料にも転用できるという視点で取り上げる材料を選択したり,2)においては履修する学年に応じて問題を見いだす範囲を限定したりするなど,授業時数と履修学年に応じて,設定した目標の資質・能力を踏まえて,各項目における具体的な指導内容を検討する。

これらの内容を指導するにあたっては,技術の発達を主体的に支え,技術革新を牽引することができる資質・能力を育成する観点から,自分なりに工夫して製作品を設計・製作する喜びを体験させるとともに,材料と加工の技術の進展が,社会を大きく変化させてきた状況や,材料の再資源化や廃棄物の発生抑制など,材料と加工の技術が自然環境の保全に大きく貢献していることについても触れ,これらに関連した職業や新たな技術の開発についても理解を深めさせる。

また,生徒に生活や社会と技術とのつながりを意識させるとともに,常に変化を続ける技術の学習を充実するために,試験研究機関や民間企業,博物館や科学技術館,工業科を設置する高等学校等との連携についても配慮する。

(2) B 生物育成の技術
1) 生活や社会を支える生物育成の技術について調べる活動などを通し

て，次の事項を身に付けることができるよう指導する。
① 育成する生物の成長，生態の特性等の原理・法則と，育成環境の調節方法等の基礎的な技術の仕組みについて理解させること。
② 技術に込められた問題解決の工夫について考えさせること。
2) 生活や社会における問題を，生物育成の技術によって解決する活動を通して，次の事項を身に付けることができるよう指導する。
① 安全・適切な栽培又は飼育，検査等ができること。
② 問題を見いだして課題を設定し，育成環境の調節方法を構想して育成計画を立てるとともに，栽培又は飼育の過程や結果の評価，改善及び修正について考えさせること。
3) これからの社会の発展と生物育成の技術の在り方を考える活動などを通して，次の事項を身に付けることができるよう指導する。
① 生活や社会，環境との関わりを踏まえて，技術の概念を理解させること。
② 技術を評価し，適切な選択と管理・運用の在り方や，新たな発想に基づく改良と応用について考えさせること。

　ここでは，生物育成の技術の見方・考え方を働かせた実践的・体験的な活動を通して，生活や社会で利用されている生物育成の技術についての基礎的な理解を図り，それらに係る技能を身に付け，生物育成の技術と生活や社会，環境との関わりについて理解を深めさせる。また，生活や社会の中から生物育成の技術に関わる問題を見いだして課題を設定し解決する力，よりよい生活や持続可能な社会の構築に向けて，適切かつ誠実に生物育成の技術を工夫し創造しようとする実践的な態度を育成することをねらいとする。

　なお，生物育成の「技術の見方・考え方」としては，生活や社会における事象を，生物育成の技術との関わりの視点で捉え，社会からの要求，作物等を育成・消費する際の安全性，生産の仕組み，品質・収量等の効率，環境への負荷，経済性，生命倫理などに着目させる。なお，育成する生物の成長，働き，生態の特性等にも配慮し，育成環境の調節方法等を最適化することなどを考えさせる。また，ここでの社会からの要求としては，例えば，安定した食生活を送るために自然環境の影響を受けず

に作物を栽培したいという人々の願いなども考慮する。

　この内容及び前記1)から3)の項目に配当する授業時数と履修学年については，生徒の発達の段階や興味・関心，学校や地域の実態，他教科等との関連を考慮し，分野目標の実現を目指した3学年間にわたる全体的な指導計画に基づき各学校で適切に定めるようにする。

　また，上記2)において，既存の育成環境を調節する方法を選択することで解決できる課題に取り組ませたり，3)においては，既存の技術の管理・運用について考えさせたり，学校における施設・設備や授業時数及び履修学年に応じて設定した目標とする資質・能力を踏まえて，各項目における具体的な指導内容等を検討する。

　これらの内容を指導するにあたっては，技術の発達を主体的に支え，技術革新を牽引することができる資質・能力を育成する観点から，自分なりに工夫して生物を育成する喜びを体験させるとともに，生物育成の技術は，食料，バイオエタノールなどの燃料，木材などの材料の生産や花壇・緑地等の生活環境の整備など，多くの役割をもっていることを理解させる。そして，この技術の進展が社会を大きく変化させてきた状況や，生物育成の技術が自然環境の保全に大きく貢献していることについても触れ，これらに関連した職業や，新たな技術の開発についての理解を深めさせる。

　また，生徒に生活や社会と技術とのつながりを意識させるとともに，常に進展する技術についての学習を充実するために，試験研究機関や民間企業，農業科や水産科を設置する高等学校等との連携についても配慮する。

(3)　C　エネルギー変換の技術
1)　生活や社会を支えるエネルギー変換の技術について調べる活動などを通して，次の事項を身に付けることができるよう指導する。
　①　電気，運動，熱の特性等の原理・法則と，エネルギーの変換や伝達等に関わる基礎的な技術の仕組み及び保守点検の必要性について理解させること。
　②　技術に込められた問題解決の工夫について考えさせこと。
2)　生活や社会における問題を，エネルギー変換の技術によって解決す

る活動を通して，次の事項を身に付けることができるよう指導する。
① 安全・適切な製作，実装，点検及び調整等ができること。
② 問題を見いだして課題を設定し，電気回路又は力学的な機構等を構想して設計を具体化するとともに，製作の過程や結果の評価，改善及び修正について考えること。
3) これからの社会の発展とエネルギー変換の技術の在り方を考える活動などを通して次の事項を身に付けることができるよう指導する。
① 生活や社会，環境との関わりを踏まえて，技術の概念を理解すること。
② 技術を評価し，適切な選択と管理・運用の在り方や，新たな発想に基づく改良と応用について考えること。

ここでは，エネルギー変換の技術の見方・考え方を働かせた実践的・体験的な活動を通して，生活や社会で利用されているエネルギー変換の技術についての基礎的な理解を図り，それらに係る技能を身に付け，エネルギー変換の技術と生活や社会，環境との関わりについて理解を深めさせる。そして，生活や社会の中からエネルギー変換の技術に関わる問題を見いだして課題を設定し解決する力，よりよい生活や持続可能な社会の構築に向けて適切かつ誠実にエネルギー変換の技術を工夫し創造しようとする実践的な態度を育成することをねらいとしている。

なお，エネルギー変換の「技術の見方・考え方」としては，生活や社会における事象を，エネルギー変換の技術との関わりの視点で捉え，社会からの要求，生産から使用・廃棄までの安全性，出力，変換の効率，環境への負荷，省エネルギー，経済性などに着目させる。さらに，電気，運動，熱及流体の特性等にも配慮し，エネルギーを変換，伝達する方法等を最適化する学習などが考えられる。また，社会からの要求としては，例えば，自然環境を保全しつつ生活環境を維持・発展させたいという人々の願いなどにも配慮する。

この内容及び前記1)から3)の項目に配当する授業時数と履修学年については，生徒の発達の段階や興味・関心，学校や地域の実態，他教科等との関連を考慮し，分野目標の実現を目指した3学年間にわたる全体的な指導計画に基づき各学校で適切に定めるようにする。

例えば，前記の2）において，基本となる電気回路を改良することで解決できる課題に取り組ませたり，3）において，既存の技術の応用について考えさせたりするなど，授業時数及び履修学年に応じて設定した目標とする資質・能力を踏まえて，各項目における具体的な指導内容等を検討する。これらの内容を指導するにあたっては，技術の発達を主体的に支え，技術革新を牽引することができる資質・能力を育成する観点から，自分なりに工夫して製作品を設計・製作する喜びを体験させるとともに，エネルギー変換の技術の進展が，社会を大きく変化させてきた状況や，新エネルギー技術や省エネルギー技術などが自然環境の保全に大きく貢献していることについても指導する。なお，これらに関連した職業や，新たな技術の開発についての理解を深めさせることにも配慮する。また，生徒に生活や社会と技術とのつながりを意識させるとともに，常に変化を続ける技術についての学習を充実するために，関係機関との連携についても配慮する。

(4) D　情報の技術
1) 生活や社会を支える情報の技術について調べる活動などを通して，次の事項を身に付けることができるよう指導する。
   ① 情報の表現，記録，計算，通信の特性等の原理・法則と，情報のデジタル化や処理の自動化，システム化，情報セキュリティ等に関わる基礎的な技術の仕組み及び情報モラルの必要性について理解させること。
   ② 技術に込められた問題解決の工夫について考えさせること。
2) 生活や社会における問題を，ネットワークを利用した双方向性のあるコンテンツのプログラミングによって解決する活動を通して，次の事項を身に付けることができるよう指導する。
   ① 情報通信ネットワークの構成と，情報を利用するための基本的な仕組みを理解し，安全・適切なプログラムの制作，動作の確認及びデバッグ等ができること。
   ② 問題を見いだして課題を設定し，使用するメディアを複合する方法とその効果的な利用方法等を構想して情報処理の手順を具体化するとともに，制作の過程や結果の評価，改善及び修正について考え

させること。
3) 生活や社会における問題を，計測・制御のプログラミングによって解決する活動を通して，次の事項を身に付けることができるよう指導する。
① 計測・制御システムの仕組みを理解し，安全・適切なプログラムの制作，動作の確認及びデバッグ等ができること。
② 問題を見いだして課題を設定し，入出力されるデータの流れを元に計測・制御システムを構想して情報処理の手順を具体化するとともに，制作の過程や結果の評価，改善及び修正について考えることができる。
4) これからの社会の発展と情報の技術の在り方を考える活動などを通して，次の事項を身に付けることができるよう指導する。
① 生活や社会，環境との関わりを踏まえて，技術の概念を理解することができる。
② 技術を評価し，適切な選択と管理・運用の在り方や，新たな発想に基づく改良と応用について考えることができる。

ここでは，情報の技術の見方・考え方を働かせた実践的・体験的な活動を通して，生活や社会で利用されている情報技術についての基礎的な理解を図り，それらに係る技能を身に付け，情報の技術と生活や社会，環境との関わりについて理解を深めさせる。さらに，生活や社会の中から情報の技術に関わる問題を見いだして課題を設定し解決する力及びよりよい生活や持続可能な社会の構築に向けて，適切かつ誠実に情報の技術を工夫し創造しようとする実践的な態度の育成をねらいとしている。

なお，情報の「技術の見方・考え方」としては，生活や社会における事象を，情報の技術との関わりの視点で捉え，社会からの要求，使用時の安全性，システム，経済性，情報の倫理やセキュリティ等に着目させる。そして，情報の表現，記録，計算，通信の特性等にも配慮し，情報のデジタル化や処理の自動化，システム化による処理の方法等を最適化することなどが考えられる。例えば，安全に自動車の運転をしたいという人々の願いなどが考えられる。

この内容及び前記 1) から 4) の項目に配当する授業時数と履修学年

については，生徒の発達の段階や興味・関心，学校や地域の実態，他教科等との関連を考慮し，分野目標の実現を目指した3学年間にわたる全体的な指導計画に基づき各学校で適切に定めるようにする。

また，例えば，上記3)において，基本となるプログラムを応用することで解決できる課題に取り組ませるなど，授業時数及び履修学年に応じて設定した目標とする資質・能力を踏まえて，各項目における具体的な指導内容等を検討する。

これらの内容を指導するにあたっては，技術の発達を主体的に支え，技術革新を牽引することができる資質・能力を育成する観点から，自分なりに工夫してプログラミングする喜びを体験させる。さらに，情報技術の進展が多くの産業を支え，社会を大きく変化させてきた状況や，情報通信ネットワークの利用による人や物の移動の減少，計測・制御システムの発達による自動車の燃費向上など，情報の技術が自然環境の保全に大きく貢献していることも指導する。さらに，これらに関連した職業や新たな技術の開発についても理解を深めさせる。

なお，今回の改訂で小学校では，自分が意図する一連の活動を実現するためには，どのような動きの組合せが必要であり，一つひとつの動きに対応した記号を，どのように組み合わせたらよいのか，記号の組合せをどのように改善していけば，より意図した活動に近づくのか，といったことを論理的に考えていくことのできる力であるプログラミング的思考等の育成を目指している。その学習活動としては，算数科第5学年の「図形」における正多角形の作図を行う学習や，理科第6学年の「物質・エネルギー」における電気の性質や働きを利用した道具や機械があることを理解させる学習など，各教科等の特質に応じて，計画的に実施することが求められている。

技術分野としては，小学校において育成された資質・能力を土台に，生活や社会の中からプログラムに関わる問題を見いだして課題を設定する力，プログラミング的思考等を発揮して解決策を構想する力，処理の流れを図などに表し，試行等を通じて解決策を具体化する力などの育成が期待されている。また，「順次，分岐，反復」といったプログラムの構造を支える要素等の理解をさせるために，従前ではソフトウェアを用

いて学習することの多かった「ディジタル作品の設計と制作」に関する内容については，プログラミングを通して学ぶことが強調されている。

また，制作するコンテンツのプログラムに対して「ネットワークの利用」及び「双方向性」の規定が追加された。さらに，「プログラムによる計測・制御」に関する内容についても，「計測・制御システムを構想」が加えられた。

これらのことを踏まえ，情報活用能力を系統的に育成できるよう，プログラミングに関する学習やコンピュータの基本的な操作，発達の段階に応じた情報モラルの学習，さらに，社会科第5学年における情報化が社会や産業に与える影響についての学習も含めた小学校における学習を発展させるとともに，中学校の他教科等における情報教育及び高等学校における情報関係の科目との連携・接続にも配慮する。

また，生徒に生活や社会と技術とのつながりを意識させるとともに，進展する技術についての学習を充実するために，関係機関との連携についても配慮する。

第2節　技術・家庭科の指導法

❶ 指導計画作成上の要点

指導計画の作成にあたっては，法令及び学習指導要領「総則」のほか次の事項に配慮する。

(1) 題材など内容や時間のまとまりを見通して，その中で育む資質・能力の育成に向けて，生徒の主体的・対話的で深い学びの実現を図るように努める。

その際，生活の営みや技術の見方や考え方を働かせ，知識を相互に関連付けてより深く理解させ，生活や社会の中から課題を見いださせて解決策を構想し，その実践を評価・改善して，新たな課題の解決に向かう過程を重視した学習の充実に努める。

(2) 技術分野及び家庭分野の授業時数については，3年間を見通した全体的な指導計画に基づき，いずれかの分野に偏ることなく配当して履修させる。その際，各学年において，技術分野及び家庭分野のいずれ

も履修させること。

　なお，家庭分野の内容の「A　家族・家庭生活」の「家族・家庭生活についての課題と実践」，「B　衣食住の生活」の「衣食住の生活についての課題と実践」及び「C　消費生活・環境」の「消費生活・環境についての課題と実践」については，この3項目のうち，1項目以上を選択し履修させる。その際，他の内容と関連を図り，実践的な活動を家庭や地域などで行うことができるよう配慮する。

(3) 技術分野の内容の「A　材料と加工の技術」「B　生物育成に関する技術」「C　エネルギー変換の技術」「D　情報の技術」と，家庭分野の内容の「A　家族・家庭生活」「B　衣食住の生活」「C　消費生活・環境」の各項目に配当する授業時数及び各項目の履修学年については，生徒や学校，地域の実態等に応じて，各学校において適切に定める。その際，家庭分野の内容の「A　家族・家庭生活」の「自分の成長と家族・家庭生活」については，小学校家庭科の学習を踏まえ，中学校における学習の見通しを立てさせるために，第1学年の最初に履修させること。

(4) 各項目に示す事項については，相互に有機的な関連を図り，総合的に展開されるよう適切な題材を設定して計画を作成する。

　その際，生徒や学校，地域の実態を的確に捉え，指導の効果を高めるようにする。

　また，小学校における学習を踏まえるとともに，高等学校における学習を見据え，他教科等との関連を明確にして系統的・発展的に指導ができるようにする。さらに，持続可能な開発のための教育を推進する視点から他教科等との連携も図ること。

(5) 障害のある生徒などについては，学習活動を行う場合に生じる困難さに応じた指導内容や指導方法の工夫を計画的，組織的に行う。

(6) 道徳科などや他教科との関連を考慮しながら，技術・家庭科の特質に応じて適切な指導をすること。

❷ 技術・家庭科の授業時数

　技術・家庭科の標準の授業時数は，第1学年70単位時間，第2学年

70単位時間，第3学年35単位時間である。

　技術分野は，「A　材料と加工の技術」，「B　生物育成の技術」，「C　エネルギー変換の技術」，「D　情報の技術」の4つを，すべての生徒に履修させる。

　家庭分野においては，小・中・高等学校の内容の系統性を明確にし，基礎的・基本的な知識及び技能の確実な定着を図るため，小学校と同様に「A　家族・家庭生活」，「B　衣食住の生活」，「C　消費生活・環境」の3つに整理し，すべての生徒に履修させる。ただし，習得した知識及び技能などを活用し，これからの生活を展望して課題を解決する力と実践的な態度を育むことの必要性から，各分野の「生活の課題と実践」にあたる「家族・家庭生活についての課題と実践」，「衣食住の生活についての課題と実践」，「消費生活・環境についての課題と実践」の3項目については，1つ以上選択して履修させる。

　各分野の指導にあたり，各項目に配当する授業時数及び履修学年については，生徒や学校，地域の実態等に応じて各学校で適切に定める。

　したがって，各学校においては，これらの趣旨を踏まえ，これまで以上に生徒や学校，地域の実態等を考慮し，創意工夫を活かし，全体として調和のとれた具体的な指導計画を作成する必要がある。

❸ 指導計画の配慮事項

(1) 「主体的・対話的で深い学び」の実現に向けた授業改善

　技術・家庭科の指導計画の作成にあたり，生徒の主体的・対話的で深い学びの実現を目指した授業改善を進めるにあたっては，技術・家庭科の特質に応じて，効果的な学習が展開できるように配慮すべき内容を次に示した。

① 「知識及び技能」を習得させること。
② 「思考力，判断力，表現力等」を育成すること。
③ 「学びに向かう力，人間性等」を育成する。

　これらの資質が育成できるように，題材など内容や時間のまとまりを見通しながら，主体的・対話的で深い学びの実現に向けた授業改善を行うことが重要である。

生徒に技術・家庭科の指導を通して，これらの資質を身に付けさせる指導はこれまでも多くの実践が重ねられてきており，それらの実践をさらに高め，生徒や学校の実態や指導の内容に応じて，「主体的な学び」，「対話的な学び」，「深い学び」の視点から授業改善を図る。

　主体的・対話的で深い学びは，必ずしも１単位時間の授業の中ですべてが実現されるものではない。それぞれの学習場面や題材など指導内容や指導時間のまとまりの中で，個々の生徒が主体的に学習に取り組めるよう学習場面を設定する。具体的には，学習したことを振り返ったりする場面や対話によって自分の考えを広げたり深めたりする場面や生徒に考えさせる場面などを設定したりして，授業改善を進めることが求められる。

　また，生徒や学校の実態に応じ，多様な学習活動を組み合わせて授業を組み立てていくことが重要であり，基礎的・基本的な「知識及び技能」の習得に課題がみられる場合には，それを身に付けるために，生徒の主体性を引き出すなどの工夫を重ね，学習課題を確実に習得させる指導を強化する必要がある。

　主体的・対話的で深い学びの実現に向けた授業改善を進めるにあたっての「深い学び」は，技術科では，頭と手を使って，学び方の多様性が生まれ，「見方・考え方」の柔軟性も期待できる。

　つまり技術科の学習にあたっては，より多様な「見方・考え方」を活用し，探究する学びの過程で「頭と手」を働かせ，より質の高い深い学びにつなげることが重要である。

　技術科における「主体的な学び」とは，現在及び将来を見据えて，生活や社会の中から問題を見いだし，課題を設定し，見通しをもって解決に取り組むとともに，学習の過程を振り返って実践を評価・改善して，新たな課題に主体的に取り組む態度を身に付けさせることである。

　そのため，学習した内容を実際の生活で活かす場面を設定し，自分の生活が家庭や地域社会と深く関わっていることを認識し，自分が社会に参画し貢献できる存在であることに気付いたりする活動に取り組むことなどが考えられる。

　「対話的な学び」とは，他者と対話したり協働したりする中で，自ら

の考えを明確にしたり，広げ深めたりする学びである。

　例えば，技術分野では，直接，他者との協働を伴わない場合でも，既製品の分解等の活動を通してその技術の開発者が設計に込めた意図を読み取るといったことも，対話的な学びの事例となる。

　「深い学び」とは，生徒が生活や社会の中から問題を見いだして課題を設定し，その解決に向けた解決策の検討，計画，実践，評価・改善といった一連の学習活動の中で，生活の営みに係る見方・考え方や技術の見方・考え方を働かせながら課題の解決に向けて自分の考えを構想したり，表現したりして，資質・能力を獲得する学びである。

　このような学びを通して，生活や技術に関する事実的知識が概念的知識として質的に高まったり，技能の習熟・定着が図られたりする。

　また，このような学びの中で「対話的な学び」や「主体的な学び」を充実させることによって，技術科が育成を目指す思考力，判断力，表現力等も豊かなものとなり，生活や技術についての課題を解決する力や，生活や技術を工夫し創造しようとする態度も育まれるのである。

(2) **3学年間を見通した全体的な指導計画**

　指導計画を作成するにあたっては，教科の目標の実現を目指し，3学年間を見通した全体的な指導計画を立案する。

① 　技術分野及び家庭分野の授業時数については，教科の目標の実現を図るため，3学年間を通して，いずれかの分野に偏ることなく授業時数を配当する。

　　例えば，技術分野及び家庭分野の授業時数を各学年で等しく配当する場合や，第1学年では技術分野，第2学年では家庭分野に比重を置き，最終的に3学年間で等しく配当する場合などが考えられる。

　　なお，技術分野，家庭分野それぞれの学習の連続性を考慮し，各学年において，技術分野及び家庭分野のいずれも履修させることが望まれる。

② 　技術分野の「A　材料と加工の技術」,「B　生物育成の技術」,「C　エネルギー変換の技術」,「D　情報の技術」の内容及び家庭分野の「A　家族・家庭生活」,「B　衣食住の生活」,「C　消費生活・環境」の内容は，すべての生徒に履修させる。

(3) 各分野の項目に配当する授業時数及び履修学年

　技術分野及び家庭分野の各項目に配当する授業時数及び各項目の履修学年については，技術分野の内容及び家庭分野の内容の各項目に適切な授業時数を配当するとともに，3学年間を見通して履修学年や指導内容を適切に配列する。

① 技術分野及び家庭分野の内容の各項目に配当する授業時数については，各項目に示される指導内容や生徒や学校，地域の実態等に応じて各学校で適切に定める。

　授業時数の配当にあたっては，それぞれの項目については，すべての生徒に履修させる基礎的・基本的な内容であるので，それぞれの学習の目的が達成されるように授業時数を配当した指導計画を作成する。

② 履修学年については，生徒の発達の段階や興味・関心，学校や地域の実態，分野間及び他教科等との関連を考慮し，3学年間にわたる全体的な指導計画に基づき各学校で適切に定めるようにする。

　また，技術分野及び家庭分野の内容については，各項目及び各項目に示された事項の関連性や系統性に留意し，指導計画を立案する。

　具体的には，

① 適切な時期に分散して履修させる場合
② 特定の時期に集中して履修させる場合
③ 3学年間を通して履修させる場合

などを組み合わせて計画的な履修ができるよう配慮する。

　技術分野においては，例えば，「B 生物育成の技術」について，理科などの関連する教科等との連携を考慮して，適切な時期に分散して履修させる場合や特定の時期に集中して履修させる場合，3学年間を通して履修させる場合などが考えられる。

　家庭分野においては，例えば，各内容の「生活の課題と実践」の項目については，すべての生徒が履修する内容を学習した後に履修させる場合や，学習する途中で，「生活の課題と実践」を組み合わせて履修させる場合が考えられる。

　いずれの場合にも他の内容と関連を図り，3学年間で1つ以上選択し

て履修できるよう,生徒や学校,地域の実態に応じて,系統的な指導計画となるよう配慮する。

なお,「生活の課題と実践」の履修の時期については,すべての生徒が履修する内容との組み合わせ方により,学期中のある時期に集中させて実施したり,特定の期間を設けて継続的に実施したり,長期休業を活用して実施したりするなどの方法が考えられる。

いずれの場合も,生徒が生活の課題を具体的に解決できる取組となるように学習の時期を考慮し効果的に実施できるよう配慮する。

(4) 題材の設定について

技術・家庭科における題材とは,教科の目標及び各分野の目標の実現を目指して,各項目に示される指導内容を指導単位にまとめて組織した教材である。

したがって,題材の設定にあたっては,各項目及び各項目に示す事項との関連を見極め,相互に有機的な関連を図り,系統的及び総合的に学習が展開されるよう配慮することが重要である。

技術分野においては,例えば,「C エネルギー変換の技術」の「(2) 生活や社会における問題を,エネルギー変換の技術によって解決する活動」を履修する場合,「A 材料と加工の技術」の「(2) 生活や社会における問題を,材料と加工の技術によって解決する活動」や「D 情報の技術」の「(3) 生活や社会における問題を,計測・制御のプログラムによって解決する活動」との関連を図り,題材を設定することなどが考えられる。

家庭分野においては,例えば,「C 消費生活・環境」の「金銭の管理と購入」及び「消費者の権利と責任」については,内容の「A 家族・家庭生活」または「B 衣食住の生活」との関連を図り,題材を設定することが考えられる。

また,生徒や学校,地域の実態等を十分考慮するとともに,次の観点に配慮して実践的・体験的な活動を中心とした題材を設定して計画を作成することが必要である。

① 小学校における家庭科及び図画工作科等の関連する教科の指導内容や中学校の他教科等との関連を図るとともに,高等学校における学習

を見据え，教科のねらいを十分達成できるよう基礎的・基本的な内容構成の題材とする。
② 生徒の発達の段階に応じた教材で，興味・関心を高めるとともに，生徒の主体的な学習活動や個性を生かすことができる題材とする。
③ 生徒の身近な生活との関わりや社会とのつながりを重視したもので，自己の生活の向上とともに家庭や地域社会における実践に結び付けることができる題材とする。
④ 持続可能な開発のための教育を推進する視点から，関係する教科等のそれぞれの特質を踏まえて連携を図ることができる題材とする。

(5) **障害のある生徒への指導**

　障害者の権利に関する条約に掲げられた**インクルーシブ教育**［inclusive education］「障害のある者とない者が共に学ぶ」システムの構築を目指し，生徒の自立と社会参加を一層推進していくためには，通常の学級，通級による指導，特別支援学級，特別支援学校において，生徒の十分な学びを確保し，一人ひとりの生徒の障害の状態や発達の段階に応じた指導や支援を一層充実させていく必要がある。

　通常の学級においても，発達障害を含む障害のある生徒が在籍している可能性があることを前提に，すべての教科等において，一人ひとりの教育的ニーズに応じたきめ細かな指導や支援ができるよう，障害種別の指導の工夫のみならず，各教科等の学びの過程において考えられる困難さに対する指導の工夫の意図や手立てを明確にすることが重要である。

　これを踏まえ 2017 年の改訂では，障害のある生徒の指導にあたっては，個々の生徒によって，「見えにくさ，聞こえにくさ，道具の操作の困難さ，移動上の制約，健康面や安全面での制約，発音のしにくさ，心理的な不安定，人間関係形成の困難さ，読み書きや計算等の困難さ，注意の集中を持続することが苦手である」ことなど，学習活動を行う場合に生じる困難さが多様であることに留意し，個々の生徒の困難さに応じた指導内容や指導方法を工夫することが求められる。

　そこで，技術・家庭科の目標や内容の趣旨，学習活動のねらいを踏まえ，学習内容の変更や学習活動の代替を安易に行うことがないよう留意するとともに，生徒の学習負担や心理面にも配慮する必要がある。

具体的には，技術・家庭科における配慮として，次のようなものが考えられる。
① 技術分野では，「A 材料と加工の技術」の「(2) 材料と加工の技術による問題の解決」において，周囲の状況に気が散りやすく，加工用の工具や機器を安全に使用することが難しい場合には，障害の状態に応じて，手元に集中して安全に作業に取り組めるように，個別の対応ができるような作業スペースや作業時間を確保したり，作業を補助する治具を用いたりする。
② 「D 情報の技術」の「(2) ネットワークを利用した双方向性のあるコンテンツのプログラミングによる問題の解決」及び「(3) 計測・制御のプログラミングによる問題の解決」において，新たなプログラムを設計することが難しい場合は，生徒が考えやすいように，教師があらかじめ用意した幾つかの見本となるプログラムをデータとして準備し，一部を生徒が自分なりに改良できるようにするなど，難易度の調整や段階的な指導に配慮することが考えられる。
③ 家庭分野では，「B 衣食住の生活」の「日常食の調理と地域の食文化」及び「生活を豊かにするための布を用いた製作」において，調理や製作等の実習を行う際，学習活動の見通しをもったり，安全に用具等を使用したりすることが難しい場合には，個に応じて段階的に手順を写真やイラストで提示することや，安全への配慮を徹底するために，実習中の約束事を決め，随時生徒が視覚的に確認できるようにすることなどが考えられる。

また，グループで活動することが難しい場合には，他の生徒と協力する具体的な内容を明確にして役割分担したり，役割が実行できたかを振り返ることができるようにしたりすることなどが考えられる。

なお，学校においては，こうした点を踏まえ，個別の指導計画を作成し，必要な配慮を記載し，翌年度の担任等に引き継ぐことが必要である。

❹ 技術分野の学習内容

技術分野は，生活や社会で利用されている主な技術について，「A 材料と加工の技術」，「B 生物育成の技術」，「C エネルギー変換の技

術」,「D 情報の技術」の4つの内容について学習する。

　また,技術分野で育成することを目指す資質・能力は,単に何かをつくるという活動ではない。

　例えば,技術に関する原理や法則,基礎的な技術の仕組みを理解した上で,生活や社会の中から技術に関わる問題を見いだして課題を設定し,解決方策が最適なものとなるよう計画・設計し,課題に対応して製作(制作)や育成を行うのである。そしてそれらの解決過程や解決結果を評価・改善し,さらにこれらの経験をもとに,今後の社会における技術の在り方を身に付けさせるのである。

　このような学習過程は,一方向だけに進むものではなく,例えば,計画・設計の段階で,適切な課題の解決策が構想できない場合には,最初の課題の設定の段階に戻り,再検討することが必要となる。

　つまり生徒の学習の状況に応じて,各段階間を行き来させるのである。こうした学習過程の中で,技術の概念や技術の役割と生活や社会や環境に与える影響を深く理解させ,知的財産を創造,保護及び活用しようとする態度や,技術に関わる倫理観,他者と協働して粘り強く物事を前に進める態度等を身に付けさせるように指導する。

　2017年の改訂では,このような学習過程を想定し,各内容を「生活や社会を支える技術」,「技術による問題の解決」,「社会の発展と技術」の3要素で構成している。

(1) **生活や社会を支える技術**

　「生活や社会を支える技術」は,その機能を調べることにより,技術に関する科学的な原理・法則及び技術の基礎的な仕組みを理解させる。そして,技術が生活や社会における問題を解決する手段として,社会からの要求である,安全性,環境負荷や経済性などの視点から,その長所・短所を見極めて,技術の見方・考え方を理解する基本的な要素として,各分野とも最初の項目として「〜の技術」を取り上げている。

(2) **技術による問題の解決**

　「技術による問題の解決」は,「生活や社会を支える技術」で気付いた技術の見方・考え方を働かせ,生活や社会における技術に関わる問題を解決することである。

そこでさらに，理解の深化や技能の習熟を図るとともに，技術によって課題を解決する力や自分なりの新しい考え方や捉え方によって解決策を構想しようとする態度などを育成する要素でもあり，各内容項目における「〜問題の解決」及び「〜プログラミングによる問題の解決」の項目として示されている。

(3) 社会の発展と技術

「社会の発展と技術」は，それまでの学びをもとに，技術についての概念の理解を深めるとともに，よりよい生活や持続可能な社会の構築に向けて，技術を評価し，適切に選択，管理・運用したり，新たな発想に基づいて改良，応用したりする力と，社会の発展に向けて技術を工夫し創造しようとする態度を育成する。その内容項目は，「材料と加工の技術」，「生物育成の技術」，「エネルギー変換の技術」，「情報の技術」では，「社会の発展と〜」の項目として取り上げられている。

また，各項目では，「知識及び技能」に関する指導事項と，「思考力，判断力，表現力等」に関する指導事項が示されている。

表2-2-1 技術分野3要素と項目の関係

	要素	生活や社会を支える技術	技術による問題の解決	社会の発展と技術
分野・内容	材料と加工の技術	生活や社会を支える材料と加工の技術	材料と加工の技術による問題の解決	社会の発展と材料と加工の技術
	生物育成の技術	生活や社会を支える生物育成の技術	生物育成の技術による問題の解決	社会の発展と生物育成の技術
	エネルギー変換の技術	生活や社会を支えるエネルギー変換の技術	エネルギー変換の技術による問題の解決	社会の発展とエネルギー変換の技術
	情報の技術	生活や社会を支える情報の技術	ネットワークを利用した双方向性のあるコンテンツのプログラミングによる問題の解決	社会の発展と情報の技術
			計測・制御に関するプログラミングによる問題の解決	

(4) 指導内容の取扱い

　第1学年の最初で「生活や社会を支える技術」を指導する場合は，3年間の技術分野の学習の内容をよく理解させ，学習の見通しを立てさせるとともに，生活や社会を支えているさまざまな技術について関心を持たせるために，できるだけ多くの技術の内容について指導する。

　第3学年で取り上げる内容は，第1，2学年での学習成果を踏まえた統合的な課題について指導する。

　特に現代社会で活用されている多くの技術が，システム化されている実態を紹介しながら，第3学年で扱う「技術による問題の解決」では，これまでの学習を踏まえた統合的な問題について指導する。

　そこで，現代の技術について，「技術活用による問題の解決」においては，生徒たちに身近な課題解決から取り組ませ，生徒が解決できたという満足感・成就感や達成感を味わい，次の学びへと主体的に取り組む態度を育むようにする。さらに発展的な課題解決については，その後の課題解決学習の取組の中から課題解決力を身に付けさせられるように3年間を見通して計画的に課題設定する必要がある。

❺「技術・家庭科」の学習指導

(1) 学習指導の基本的な考え方

　技術・家庭科では，生活を工夫しようとする実践的・体験的な学習活動や指導内容の系統的・発展的な展開に留意し，生徒の心身の発達特性や学習経験等の実態を把握した学習指導が求められる。

　指導計画の作成にあたっては，生徒が生活の自立を図ることができるよう，題材の内容や構成，配列等が生徒の生活に密着しているかどうかをていねいに検討する必要がある。

1) 実践的・体験的な学習活動や問題解決的な学習に留意する

　生徒自身が生活をよりよくするための調査・研究から，生活に役立つものを製作するという問題解決的な学習と，それを実現するための計画・方法・準備など実践的・体験的な学習活動の中で，知識と技術を身に付けられるよう，指導計画を作成することが大切である。

　このような実践的・体験的な学習活動や問題解決的な学習は，技術・

家庭科の特徴的な学習方法といえるので，大いに取り入れるべきである。
2) 指導内容の系統的・発展的な展開に留意する

　改訂された技術分野の指導内容の「A　材料と加工の技術」については，小学校の図画工作などの学習成果を踏まえて第1学年の最初に履修する必要がある。他のB，C，Dの指導項目は，指導の順に配置されているわけではないので，他教科等との関連や実践的・体験的な学習活動を有効に進めることができるように3学年間を見通して，いずれかの分野に偏ることなく系統的に組み合わせることが求められる。また，小学校で学んだ内容との関連を考慮し，かつ高等学校で学ぶ内容に無理なく繋がるよう発展的に展開する指導計画を作成することが大切である。
3) 他教科等との関連に留意する

　他教科等の目標にも留意し，関連する項目については，指導する時期や題材を考慮した指導が行えるよう，指導計画を作成する。
4) 家庭や地域社会との連携と生徒の実態把握に留意する

　生きる力を育む観点から身の回りの生活環境をよりよくするため，具体的な実践活動や体験活動を通して得られた知識や技術が生活の自立の基礎となるように学習活動を組み立てる必要がある。このためには，家庭や地域社会との連携を図った題材を設定することが大切である。

　実践的・体験的な学習活動を通して仕事の楽しさや完成の喜びを味わい，そのことによって，心豊かな人間性の形成と心身の発達段階に応じた社会性の育成に努める必要がある。このためには，生徒の心身の発達の特性や学習経験等についての実態把握が大切である。

　そして，人間社会における技術の光と影の部分を正しく捉え，よりよく改善し，発展させる方向に技術を活用できるように理解を深めさせる。さらに，前年の修正点を議論してPDCAサイクルの結果を組み入れた指導計画を毎年作成することが大切である。

(2)　指導計画作成の例

　指導計画は，前年度の反省を踏まえ，年度初めまでには作成しておく。
　指導計画では，次の3点を厳守する。
1) 各分野の取扱いに偏りがないように留意する

　「技術・家庭科」の3年間の総授業時数は，第1学年70単位時間，第

2学年70単位時間，第3学年35単位時間，合計175単位時間である。

この総授業時数175単位時間の配分については，各分野や内容の授業時数は設定されていない。ただし，学習指導要領には「いずれかの分野に偏ることなく」と規定されているので，技術分野と家庭分野の授業時数は基本的には同じにする必要がある。

2) 3年間を見通した内容・指導項目に留意する

3年間の全体的な指導計画を作成して検討するときには，例えば，第1学年では技術分野に比重を置き，第2学年では家庭分野に比重を置き，最終的に3学年間を通して等しく配当する場合なども考えられる。

3) 指導項目の「AからD」は，すべての生徒に履修させる

3年間の学習の見通しを持たせるガイダンス的な内容を，第1学年の最初に履修させる必要がある。しかし3年間という期間の中で，各分野の授業時数を各学年で等しく計画するほうが，学校行事などで時間をとられても，臨時時間割に組み込むことで時間確保しやすい傾向がある。

表2-2-2 各学年の「技術分野」別履修時間配分例（数字は単位時間）

1年（35時間）	ガイダンス（3），材料と加工（26），情報（6）
2年（35時間）	生物育成（10），エネルギー変換（25）
3年（17.5時間）	情報（17.5）

なお，家庭分野も第1学年（35時間），第2学年（35時間），第3学年（17.5時間）の配分となる。

なお，各学校は，地域の実情にも沿った指導計画を作成する。

(3) **技術分野の観点別評価規準について**

2012年度（平成24年度）実施の改訂に合わせて，2011年7月に国立教育政策研究所教育課程研究センターより表2-2-3の4観点別の評価規準の作成，評価方法等の工夫改善のための参考資料が発表され，活用されてきた。

2017年度の学習指導要領の改訂により，従来の4観点に代わり表2-2-4の3観点別評価規準が導入され，原則として2021年度より使用される。

これらの資料をもとに各教科とも評価規準表を作成して，授業指導案

の指導内容の評価項目として記述し，適時適切に評価を行って授業改善等に活用する。

評価については，各中学校において保護者対象に評価説明会を開いて理解と協力を得た後，各学期の学期末には評定値とともに，生徒・保護者に評価結果が伝達される。客観的に公正な評価をすることは容易ではないが，教育センターの研修会等を通して最適な評価方法を習得する態度が必要である。

表2-2-3　4観点別評価規準の例

4観点別要素	趣　旨
生活や技術への関心・意欲・態度	材料と加工，エネルギー変換，生物育成及び情報に関する技術について関心を持ち，技術の在り方や活用の仕方等に関する課題の解決のために，主体的に技術を評価し活用しようとする。
生活を工夫し創造する能力	材料と加工，エネルギー変換，生物育成及び情報に関する技術を適切に活用するために，必要な基礎的・基本的な技術を身に付けている。
生活の技能	材料と加工，エネルギー変換，生物育成及び情報に関する技術を適切に活用するために，必要な基礎的・基本的な技能を身に付けている。
生活や技術についての知識・理解	材料や加工，エネルギー変換，生物育成及び情報に関しての基礎的・基本的な知識と技術を身に付け，技術と社会や環境との関わりについて理解している。

表2-2-4　3観点別評価規準の例

3観点別要素	趣　旨
知識及び技能	生活や社会で利用されている，材料と加工，生物育成，エネルギー変換及び情報に関する技術について，知識・技能を身に付け，その技術を適切に活用するために必要な生活や環境との関わりを理解している。
思考力，判断力，表現力等	生活や社会の中から技術に関わる課題を見いだし，課題を設定しその解決策を構想し，制作図等にあらわし，試作等で具体化し，その実践を評価し改善するなどして，課題を解決する。
学びに向かう力，人間性等	よりよい生活の実現や持続可能な社会の構築に向けて，適切に技術を工夫し，創造しようとする実践的な態度と課題解決のために主体的に技術を評価し活用しようとする。

[参考資料]

「技術・家庭科」に関連する小学校「図画工作」及び「家庭」と，高等学校普通教科の「情報」及び「家庭」の目標を次に示した。

なお，専門教科「工業」の目標に関しては，第4章に詳述しているので参照されたい。

① 小学校「図画工作」の目標

表現及び鑑賞の活動を通して，造形的な見方・考え方を働かせ，生活や社会の中の形や色などと豊かに関わる資質・能力を育成することを目指す。(以下省略)

② 小学校「家庭」の目標

生活の営みに係る見方・考え方を働かせ，衣食住などに関する実践的・体験的な活動を通して，生活をよりよくしようと工夫する資質・能力を育成することを目指す。(以下省略)

③ 高等学校普通教科「情報」の目標

情報に関する科学的な見方・考え方を働かせ，情報技術を活用して問題の発見・解決を行う学習活動を通して，問題の発見・解決に向けて情報と情報技術を適切かつ効果的に活用し，情報社会に主体的に参画するための資質・能力を育成することを目指す。(以下省略)

④ 高等学校普通教科「家庭」の目標

生活の営みに係る見方・考え方を働かせ，実践的・体験的な学習活動を通して，様々な人々と協働し，よりよい社会の構築に向けて，男女が協力して主体的に家庭や地域の生活を創造する資質・能力を育成することを目指す。(以下省略)

❻ 技術・家庭科（技術分野）の実習室の管理

「技術・家庭科」（技術分野）の授業では，「材料と加工」の指導は「木工・金工室」で作業を行い，「エネルギー変換や情報」の指導では「コンピュータ室」等を使用して授業をする機会が多い。したがって年間計画の中で実習に関する施設・設備の点検等は，安全点検を含めて授業前には必ず行い，事故防止にいつも細心の注意を払わなければならない。

(1) 特別教室の環境づくり

　特別教室とは木工室やパソコン室，美術室，音楽室，理科室などを指し，普通教室に比べてその教科の学習指導に適した施設・設備が整えられている教室である。木工室は旋盤や丸鋸盤，自動かんな盤などの重量のある機械を設置するため1階が多く，機械活用の作業時には騒音や埃も出るので，校舎の隅に設けられている場合が多い。

　教室環境づくりとしては，普通教室と同様に，採光，換気，室温を整えるとともに，危険箇所には黄色のテープを貼る。また，使用しない機械にはカバーをかけて紐でくくっておく，捨てるゴミは分別できるように複数のゴミ箱を用意しておく，清掃用具を人数分用意するなど，生徒の動線をよく観察して，機会を捉えては何度も改善する必要がある。

(2) 授業前の準備

　教員は生徒が実習室に来る前に，その日に使用するボール盤や糸鋸盤などの工作機械の試運転を必ず行い，異常がないか毎回確認すること。

　両刃のこぎりなどの刃物や工具には通し番号を付け，工具数等の点検が容易にできるようにして，返却時にも員数を確認する。

　また準備と実習後の後片付けの手順等は，適切な大きさの掲示物で明示しておくとともに，どの作業段階の生徒でも安全に次の作業行動ができるように，事前に各作業手順を個々の生徒に周知させておく必要がある。

(3) 怪我や事故の発生状況と防止策

　怪我や事故の発生には，次のように場面が想定される。

① 糸鋸盤や替え刃式両刃のこぎりの調整不備が原因と思われる場合
　＊糸鋸盤の刃が折れて怪我をした。
　　対策：刃の締め付け状態の確認と早めの刃の交換，作業時には必ずそばにいて指導を行う。
　＊替え刃式両刃のこぎりを使用中，替え刃が取れてしまった。
　　対応：作業姿勢によっては手足に当たり怪我をするので，替え刃固定ねじの締め付け具合を使用前に確認する。

② 生徒の不注意が原因である場合
　＊玄翁で釘を打つとき親指を打った。きりの先で指に怪我をした。両

刃のこぎりで指を少し切った。
　　　　対応：小学校での工具使用経歴を調査して，製作等に入る前に釘う
　　　　　ち・穴あけ・切断の事前練習を行う。きりには保護キャップをか
　　　　　ぶせる。
　③　不十分な事前指導が原因である場合
　　　＊はんだ付けの作業中，指先をやけどした。
　　　　対応：人数分こて台を用意する。机上整理を徹底させる。利き手側
　　　　　にこてを配置させ，余分なコードは仮留めさせて作業しやすくす
　　　　　る。
　　実習中の怪我や事故は，実習直前での共通理解や事前点検，巡回中で
　の個別指導等で減らせる。そのためには，教員は，教員目線と生徒目線
　で常に生徒の作業中の動線や行動を観察して，生徒の実態に即した効果
　的な事故・怪我防止策を立てて実行する責任がある。
　(4)　**怪我・事故発生時の対応**
　　校内での怪我や事故が発生した場合には，教科担当教員としての対応
　や関係する教職員はどのような手順で対応すべきか，年度初めの職員会
　議等で確認する。以下の項目について，機会を捉えて共通理解をしてお
　くことが必要である。
　①　軽度の怪我人が出た場合，係生徒が保健室に連れていく。
　②　事故発生の報告は必ず担任，学年主任，管理職に行う。
　③　怪我人を病院に連れていくかは養護教諭，管理職と協議する。
　④　家庭への連絡のタイミングや内容の協議もする。
　　授業中に軽微な事故もあってはいけないが，事故や怪我が発生したと
　きには，速やかに事故の状況を把握し，適切な緊急処置をとる。
　　その上で授業者から養護教諭に緊急対応処置を依頼し，その結果を管
　理職に連絡し，その後の処置について決定してもらう。
　　保護者には謝罪はもちろん誠意ある対応が必要である。

表2-2-5 技術分野　新旧内容項目一覧 No.1

新（2017年告示）	旧（2008年告示）
A　材料と加工の技術	A　材料と加工に関する技術
1) 生活や社会を支える材料と加工の技術	1) 生活や産業の中で利用されている技術
① 材料や加工の特性等の原理・法則と基礎的な技術の仕組み	① 技術が生活の向上や産業の継承と発展に果たしている役割
② 技術に込められた問題解決の工夫	② 技術の進展と環境との関係
2) 材料と加工の技術による問題の解決	2) 材料と加工法
① 製作に必要な図，安全・適切な製作，検査・点検など	① 材料の特徴と利用方法
② 問題の発見と課題の設定，成形の方法などの構想と設計の具体化，製作の過程や結果の評価，改善及び修正	② 材料に適した加工法と，工具や機器の安全な使用
	③ 材料と加工に関する技術の適切な評価・活用
3) 社会の発展と材料と加工の技術	3) 材料と加工に関する技術を利用した製作品の設計・製作
① 生活や社会，環境との関わりを踏まえた技術の概念	① 使用目的や使用条件に即した機能と構造
② 技術の評価，選択と管理・運用，改良と応用	② 構想の表示方法と，製作図
	③ 部品加工，組立て及び仕上げ
B　生物育成の技術	C　生物育成に関する技術
1) 生活や社会を支える生物育成の技術	1) 生物の生育環境と育成技術
① 生物の成長などの原理・法則と基礎的な技術の仕組み	① 生物の育成に適する条件と，育成環境を管理する方法
② 技術に込められた問題解決の工夫	② 生物育成に関する技術の適切な評価・活用
2) 生物育成の技術による問題の解決	2) 生物育成に関する技術を利用した栽培又は飼育
① 安全・適切な栽培又は飼育，検査など	① 目的とする生物の育成計画と，栽培又は飼育
② 問題の発見と課題の設定，育成環境の調節方法の構想と育成計画，栽培又は飼育の過程や結果の評価，改善及び修正	
3) 社会の発展と生物育成の技術	
① 生活や社会，環境との関わりを踏まえた技術の概念	
② 技術の評価，選択と管理・運用，改良と応用	

2017年告示中学校学習指導要領解説「技術・家庭科編」より

表2-2-6　技術分野　新旧内容項目一覧 No.2

新（2017年告示）	旧（2008年告示）
C　エネルギー変換の技術	B　エネルギー変換に関する技術
1)　生活や社会を支えるエネルギー変換の技術 ①　電気，運動，熱の特性等の原理・法則と基礎的な技術の仕組み ②　技術に込められた問題解決の工夫	1)　エネルギー変換機器の仕組みと保守点検 ①　エネルギーの変換方法や力の伝達の仕組み ②　機器の基本的な仕組み，保守点検と事故防止 ③　材料と加工に関する技術の適切な評価・活用
2)　エネルギー変換の技術による問題の解決 ①　安全・適切な製作，実装，点検，調整など ②　問題の発見や課題の設定，電気回路や力学的な機構などの構想と設計の具体化，製作の過程や結果の評価，改善及び修正	2)　エネルギー変換に関する技術を活用した製作品の設計・製作 ①　製作品に必要な機能と構造の選択と，設計 ②　製作品の組立て・調整や電気回路の配線・点検
3)　社会の発展とエネルギー変換の技術 ①　生活や社会，環境との関わりを踏まえた技術の概念 ②　技術の評価，選択と管理・運用，改良と応用	
D　情報の技術	D　情報に関する技術
1)　生活や社会を支える情報の技術 ①　情報の表現の特性等の原理・法則と基礎的な技術の仕組み ②　技術に込められた問題解決の工夫	1)　情報通信ネットワークと情報モラル ①　コンピュータの構成と基本的な情報処理の仕組み ②　情報通信ネットワークにおける基本的な情報利用の仕組み ③　著作権や発信した情報に対する責任と，情報モラル ④　情報に関する技術の適切な評価活用
2)　ネットワークを利用した双方向性のあるコンテンツのプログラミングによる問題の解決 ①　情報通信ネットワークの構成，安全に情報を利用するための仕組み，安全・適切な制作，動作の確認，デバッグ等 ②　問題の発見と課題の設定，メディアを複合する方法などの構想と情報処理の手順の具体化，制作の過程や結果の評価，改善及び修正	2)　ディジタル作品の設計・制作 ①　メディアの特徴と利用方法，制作品の設計 ②　多様なメディアの複合による表現や発信
3)　計測・制御のプログラミングによる問題の解決 ①　計測・制御システムの仕組み，安全・適切な制作，動作の確認，デバッグ等 ②　問題の発見と課題の設定，計測・制御システムの構想と情報処理の手順の具体化，制作の過程や結果の評価，改善及び修正	3)　プログラムによる計測・制御 ①　コンピュータを利用した計測・制御の基本的な仕組み ②　情報処理の手順と，簡単なプログラムの作成
4)　社会の発展と情報の技術 ①　生活や社会，環境との関わりを踏まえた技術の概念 ②　技術の評価，選択と管理・運用，改良と応用	

2017年告示中学校学習指導要領解説「技術・家庭科編」より

表 2-2-7 技術分野 資質・能力系統表

	知識・技能	思考力・判断力表現力等	学びに向かう力人間性等
	技術によってよりよい生活や持続可能な社会を構築する資質・能力		
技術分野	・生活や社会で利用されている材料，加工，生物育成，エネルギー変換及び情報の技術についての基礎的な理解と，それらに係る技能・技術と生活や社会，環境との関わりについての理解	・生活や社会の中から技術に関わる問題を見いだして課題を設定し，解決策を構想し，製作図等に表現し，試作等を通じて具体化し，実践を評価・改善するなど，課題を解決する力	・よりよい生活の実現や持続可能な社会の構築に向けて，適切かつ誠実に技術を工夫し創造しようとする実践的な態度
材料と加工の技術	・生活や社会で利用されている材料と加工の技術についての基礎的な理解とそれらに係る技能・材料と加工の技術と生活や社会，環境との関わりについての理解	・生活や社会の中から材料と加工の技術に関わる問題を見いだして課題を設定し解決する	・よりよい生活や持続可能な社会の構築に向けて，適切かつ誠実に材料と加工の技術を工夫し創造しようとする実践的な態度
生物育成の技術	・生活や社会で利用されている生物育成の技術についての基礎的な理解とそれらに係る技能・生物育成の技術と生活や社会，環境との関わりについての理解	・生活や社会の中から生物育成の技術に関わる問題を見いだして課題を設定し解決する力	・よりよい生活や持続可能な社会の構築に向けて，適切かつ誠実に生物育成の技術を工夫し創造しようとする実践的な態度
エネルギー変換の技術	・生活や社会で利用されているエネルギー変換の技術についての基礎的な理解とそれらに係る技能・エネルギー変換の技術と生活や社会，環境との関わりについての理解	・生活や社会の中からエネルギー変換の技術に関わる問題を見いだして課題を設定し解決する力	・よりよい生活や持続可能な社会の構築に向けて，適切かつ誠実にエネルギー変換の技術を工夫し創造しようとする実践的な態度
情報の技術	・生活や社会で利用されている情報の技術についての基礎的な理解とそれらに係る技能・情報の技術と生活や社会，環境との関わりについての理解	・生活や社会の中から情報の技術に関わる問題を見いだして課題を設定し解決する力	・よりよい生活や持続可能な社会の構築に向けて，適切かつ誠実に情報の技術を工夫し創造しようとする実践的な態度

2017 年告示中学校学習指導要領解説より作成

第 3 章　高等学校教育の現状と課題

　文部科学省［Ministry of Education］の統計によると2018年の**高等学校進学率**は98％を超えて，各種学校等を含めると義務教育を修了した中学生の99.3％が何らかの教育機関で学んでいるようになった。
　このような状況下では，生徒一人ひとりの能力，適性，興味・関心，進路などは多種多様であり，個々の生徒の特性に応じた多様な進路選択を実現し，その後の社会生活の場でも，個々人の特性を活かせる社会人として活躍できるように学校教育はその使命を果たす責任がある。
　また，2015年（平成27年）の公職選挙法［Public Office Election Law］の改正により選挙権年齢が18歳以上に引き下げられ，さらに2018年の**民法**の改正により18歳は成人と認められ，クレジットカードの契約などが自分の責任で可能となり，結婚年齢は女子の16歳は引き上げられ男女とも18歳となった。
　ただし，酒・喫煙・ギャンブルは禁止で，従来通り20歳以上である。
　施行は2022年度であるが，このように生徒にとって政治や社会が一層身近となる時代となり，高等学校においては社会で求められる資質や能力をすべての生徒に育み，有能な社会人として世の中に送り出す機能の強化が求められている。

▍第1節　高等学校教育の現状▍

　文部科学省の調査から高等学校の生徒在籍数の変遷をみると，1989年度（平成元年度）が過去最高で，5,518校に564万人が在籍していた。それから年を追うごとに生徒数が減少し，それに伴い各都道府県は学校の統廃合を進め，2017年度（平成29年度）の高等学校の学校数は4,907校で，生徒数327万人と4割強減少している（p.226 資料1参照）。

2017年度の高等学校の生徒数を学科別でみると，普通科が約239万人で全体の73%を占めている。専門学科では，工業科約25万人（7.6%），商業科19万5千人（6%），総合学科17万5千人（5.4%）が多い学科である。この傾向は，過去の10年間の推移をみてもあまり変動はみられない。

　大学等の進学率は54.7%で，そのうち大学学部進学者は49.4%，専修学校専門課程進学者は16.2%である。

　就職者総数は約19万人であり，高校生全体の割合は17.8%である。

　就職者総数を産業別でみると，「製造業」37.8%,「卸・小売業」11.7%,「建設業」8.4% などである。職業別でみると，「生産工程従事者」38%,「サービス職業従事者」15.7%,「事務従事者」10.6%,「販売従事者」9.6%である。

　就職先についてみると，在籍校所在地から別の都道府県に就職した生徒の割合は，18.8%である。

　卒業生に対する就職者の割合が高い3割強の県は，佐賀県32.8%，青森県32%，山口県30.4%，岩手県30.1%である。低いのは，東京都6.7%，神奈川県8.6%，京都府8.7%である。

❶ 高等学校教育の改善の方向

(1) 高等学校学習指導要領の改訂とその実施

　2018年3月告示された**高等学校学習指導要領**は，2022年度から学年進行で実施されるが，高等学校教育を含む初等・中等教育改革と，大学教育改革，そして両者をつなぐ大学入学者選抜改革の一体的改革を踏まえて今回の改訂はなされた。

　各学校においては，改訂学習指導要領の実施にあたり，教育基本法及び学校教育法その他の法令等に従い，生徒一人ひとりが人間として調和のとれた有意な人材となるように，生徒の心身の発達や特性，課程や学科の特色及び学校や地域の実態を十分考慮して，適切な教育課程を編成し，学校の教育目標が達成できるように努力する必要がある。

　そこで，各学校において，「主体的・対話的で深い学び」の実現に向けた授業改善を通し，創意工夫を活かした特色ある教育活動を展開する

中で，次に掲げる事項の実現を図り，生徒に生きる力を育むことを目指す必要がある。
① 基礎的・基本的な知識及び技能を確実に習得させ，これらを活用して課題を解決するために必要な思考力，判断力，表現力等を育む。
② 道徳教育や体験活動，多様な表現や鑑賞の活動等を通して，豊かな心や創造性の涵養を目指した教育の充実に努める。
③ 教育活動全体を通じて，健康で安全な生活と豊かなスポーツライフの実現を目指した教育の充実に努める。
④ 地域や学校の実態等に応じて，就業やボランティアに関わる体験的な学習により，望ましい勤労観，職業観の育成や社会奉仕の精神を育成する。

また，個々の生徒に生きる力を育むにあたっては，学校教育全体及び各教科・科目等の指導を通してどのような資質・能力の育成を目指すのかを明確にしながら，教育活動の充実を図る必要がある。

(2) **教育課程の編成の観点**

高等学校の教育課程[curriculum]の在り方については，生徒一人ひとりが，社会で生きていくために必要となる力を共通して身に付ける「共通性の確保」の観点と，生徒一人ひとりの進路に応じた多様な可能性を伸ばす「多様性への対応」の2観点を踏まえ，生徒一人ひとりに育成すべき資質・能力を明確にすることが求められる。

特に高等学校では，生徒一人ひとりの進路選択や，地域や社会の現状や見通しを踏まえて，各学校において育てたい生徒の姿を明確にし，教科・科目選択の幅の広さを活かしながら，教育課程を通じて生徒一人ひとりを育んでいくことが求められる。

そこで各学校においては，教育課程の編成にあたり，生徒や学校や地域の実態を適切に把握し，教育の目的や目標の実現に必要な教育の内容を教科等横断的な視点で組み立てていくこと，教育課程の実施状況を評価してその改善を図っていくこと，教育課程の実施に必要な人的または物的な体制を確保することなどが求められる。

さらに教育課程を実施した上で教育課程の評価を行うことは，学校が本来の機能を果たしているか否かを検証する意味で非常に重要である。

また，その評価をもとに必要に応じて教育課程を改善しなければならない。したがって学校は，毎年度末には学校評価基準に基づく評価やPlan（計画）-Do（実行）-Check（確認）-Action（改善）のサイクルを活用したカリキュラム・マネジメントを踏まえた教育課程の改善を行い，その結果を次年度の編成に活用する必要がある。

　教育課程の編成とその評価は，従来から学校評価の一貫として実施されてきたが，一部の分掌の教員に任されたり，分掌等によりばらばらの取組がなされる傾向もみられた。

　そこで，これからはカリキュラム・マネジメントの手法を活用し，学校評価を「ヒト・モノ・カネ・情報・時間」などの経営資源との関連で捉え，教員をはじめ，保護者や地域社会等の学校関係者のすべての知恵を結集して，学校運営を合理的かつ整理統合された協働的な取組とし，かつ児童・生徒一人ひとりにとっては，最善の教育成果が期待できるようにすることを目標として，教育課程の改善・充実を図っていくことが期待されている。

(3)　高校生のための学びの基礎診断

　わが国の高校生の学力・学習状況については，特に学力中位層の学習時間の減少とともに，基礎学力の不足や学習意欲の面での課題が指摘されており，小・中学校での学習内容を十分に身に付けていない生徒もみられ，学び直しへのニーズが高まっている。

　そこで学習指導要領では，指導計画の作成にあたって配慮すべき事項として，学校や生徒の実態等に応じて義務教育段階の学習内容の確実な定着を図るために次のような指導を行うことが示されている。

①　各教科・科目の学習の中で，学び直しの機会を設ける。
②　必履修教科・科目について学習指導要領に定める標準単位数より増加して履修させることもできる。（遅れ気味の生徒に対応する）
③　学校設定教科・科目として学び直しを行うことができる。

　しかし，義務教育段階での学習内容の確実な定着を図るための指導については，個々の生徒の状況を踏まえた対応が必要である。

　今後は，生徒一人ひとりに，初等・中等教育を通じて共通に身に付けるべき資質・能力を確実に育むという観点から，義務教育段階の学習内

容を含めた高校生に求められる基礎学力の確実な習得とこれによる高校生の学習意欲の喚起を期待して「高校生のための学びの基礎診断」の制度が導入された。

　この「基礎診断」は，高等学校における学習成果を測定するツールの一つとして，民間事業者等が作成し提供されるそれぞれの高等学校の実態に合わせて選択可能な多様な評価問題を活用して，一人ひとりの生徒の基礎学力の定着に役立てることを目指している。

　基礎診断に活用される教科は，国語・数学・英語であり，この中の教科を選択して活用する。

　この成果は，各学校が，客観的でより広い視点から自校の生徒の基礎学力の定着度合いを把握し，学習指導の改善・充実に活用したり，設置者等が基礎学力定着に向けた施策の企画・立案や教員配置，予算等に関する学校支援の改善に取り組む資料とすることが期待される。

(4)　**高大接続改革**

　高大接続［connection of high school and university］については，高等学校教育の現状と課題を踏まえ，多様な評価を活用して，高等学校における学びと大学教育をスムーズにつないでいくための検討がなされ，大学入学者選抜改革が行われた。

　この大学入学者選抜改革は，「大学入試センター試験」に代わって「大学入学共通テスト」として，2017年度からのプレテストを経て2020年度入学選抜から本格実施される。

　この共通テストは，大学入学希望者を対象に，高等学校段階における基礎的な学習成果の程度を判定し，大学教育のために必要な能力を把握する目的で行われる。

　このため，各教科・科目の知識・技能を十分に有しているかを，「思考力・判断力・表現力」を中心に評価するとしている。

　この共通テストは，大学入試センターが問題作成や採点を一括して担当する。

　共通テスト実施科目は，国語，地歴，公民，数学，理科，外国語，専門に関する科目（簿記会計，情報関係基礎）である。

　大学入学共通テストは，学力の3要素である「知識・技能」「思考力・

判断力・表現力等」「学びに向かう力，人間性等」を評価対象とし，多面的・総合的に評価する大学入試選抜となることが期待されている。

(5) **学習評価の改善・充実**

　高等学校における学習指導や学習評価［evaluation of learning］は，社会で生きていくために必要となる資質を共通して身に付ける「共通性の確保」の観点と，一人ひとりの生徒の進路に応じた「多様な可能性」の伸張という視点がある。そこで，すべて学習活動においては，多様な活動の機会を通じて，それぞれの生徒に成長のきっかけを与えるとともに，多様な学習活動における学習の成果を的確に見取り，生徒一人ひとりに対応した指導の改善につなげていく取組が重要となる。

　「総合的な探究の時間」や「理数探究」や「課題研究」など，探究の過程を重視した学習については，その学びの過程を含めた評価を行うなど，多様な学習活動に対応した評価の在り方等を開発・普及していくことが必要である。

　2017年改訂以前の学習指導要領では，「関心・意欲・態度」「思考・判断・表現」「技能」「知識・理解」の4観点別評価法であったが，2018年3月に告示された学習指導要領では，「知識・技能」「思考力・判断力・表現力等」「学びに向かう力，人間性等」の3観点別評価に改められた。

　その主旨は，生徒一人ひとりに，「どのような力が身に付いたか」という学習成果を的確に捉え，指導の改善を図り，生徒自身が自らの学びを振り返り，以前の学びからどのように成長し，より深い学びに向かっているかという観点で評価することが求められている。

　そこで，各教員は，生徒に対してその到達目標をわかりやすく示し，生徒一人ひとりの到達状況を的確に把握し，指導の改善・充実に役立てることが重要である。

　なお，観点別評価でも，十分評価しきれない，生徒一人ひとりのよい点や可能性や進歩の状況等の個人内評価については，日常の教育活動の場面や成績表の総合所見等を通じて積極的に生徒や保護者に伝える必要がある。

❷ 特色ある学校づくり

わが国の人口減少に伴い，10 年前の 2007 年度高等学校数は 5,313 校，在籍生徒数 340 万人であったが，2017 年度は 4,907 校，在籍生徒数 327 万人と減少し，その減少傾向が続いている。

高等学校への進学率は，2000 年 4 月の全国平均は 97.0%（男子 96.3%，女子 97.7%）であり，2017 年度には 98% に達しており，実質的には希望者は全入できる状態であり，生徒の能力，適性，興味・関心，進路等は極めて多様化している。

このような多様な生徒の実態に応じて，各都道府県の各学校は生徒の個性を最大限に伸長させるため，多様な特色ある学校づくりや生徒の学習の選択幅をできる限り拡大できるように努めている。

そこで国は，**総合学科高等学校**の推進や単位制高等学校などの新しいタイプの高等学校の設置とともに，特色ある学校，学科，コースを設け，生徒の選択幅を広げるカリキュラムづくりを推進している。

ここでは，既設の**学校の特色化**を推進したり多様なタイプの学校を開設し，生徒一人ひとりの能力や特性，興味・関心，進路希望等に応じて学ぶことができる東京都の事例を紹介するが，他の道府県でも共通する取組が多くみられている。

(1) **進学指導重点校の取組**

私立高校に対抗して，公立高校のいわゆる難関大学の入学を目指す進学指導重点校として 2001 年に 7 校が指定され，その後 2003 年 3 校，2007 年 5 校が追加指定された。この取組は，生徒の進学希望を実現させ，着実に実績を上げてきている。

学校の指定にあたっては，希望する学校の過去の進学実績，講習及び補講の実施状況，進学指導に対する学校の取組状況等を総合的に勘案して選定している。

(2) **英語教育推進の取組**

① JET［The Japan Exchange and Teaching Programme］（語学指導等を行う外国青年招致事業）による外国人指導者の活用　10 校指定

JET は，総務省，外務省，文部科学省及び一般財団法人自治体国際

化協会の協力のもと，英語等指導助手（JET 青年）を，全都立高等学校及び中等教育学校に配置し，生徒の英語力の伸長や国際理解の促進，教員の授業改善と授業力の向上を目指している取組である。

都立高等学校と中等教育学校から 10 校が指定されている。

② 英語教育推進校　40 校指定

2016 年度から，英語教育を先導することを目的として，「使える英語力」の向上を図るため，特に「聞く」，「話す」に重点を置いたきめ細かい指導を行う。

(3) グローバル人材育成の指定校　10 校指定

グローバル人材育成に向けた学校の取組を支援するため，外国語授業の改善に向けた先進的取組や学校独自の特色ある取組を実施するなど，意欲ある生徒の外国語力の向上を推進するとともに，積極的に国際交流を行い国際理解教育を一層推進する。

(4) 多様な形態の高等学校

① 総合学科高校　多様な科目を開設し，普通教育と専門教育を総合的に行う学校で，多様な能力・適性などに対応した柔軟な教育を行う。

② 単位制高校　個性や特性，進路希望に対応した特色型や進学重視型・専門高校型がある。

③ 科学技術高校　先端的な科学技術を学び，理工系や薬学系の大学への進学を目指す専門高校。

④ 産業高校　地域の産業界と連携し，生産から流通・消費までの過程における関連性などを総合的に学習する専門高校。

⑤ 進学型商業高校（ビジネスコミュニケーション科）　ビジネスに関して基礎的・基本的な知識・技能を習得し，将来国際社会で活躍できるスペシャリストを育成するために，大学等に進学し，継続して学習することを前提とした専門高校。

⑥ 総合芸術高校　わが国の芸術文化を支えていく，高度な専門性と幅広い教養，豊かな感性を備えた人材を育成するために設置された，芸術学科単独の専門高校である。

(5) 中等教育学校［secondary education school］（中高一貫教育学校）

中等教育学校は，中学 3 年間と高校 3 年間の 6 年間の統合による学校

であり，入試の負担がなくなり，特色ある一貫教養教育を通して，総合的な社会の各分野で人々の信頼を得て，将来のリーダーとなり得る人材の育成を目指している。

　最初の3年間である前期課程（中学校に相当）と後期課程の3年間（高等学校に相当）の計6年間を，一貫した教育課程として編成し，特色ある教育が実践されている。この学校では，後期課程からの入学者の募集はない。

　中等教育学校の2017年度の全国の設置校数は，併設型が478校（前年より13校増加）設置されている。設置者が中学校と高等学校で異なる場合（例えば市立中学校と県立高校）では，連携型中等教育学校として，90校（3校増加）が設置されている。

❸ 生涯学習［lifelong learning］と高等学校教育

　先に記したように，公職選挙法や民法の改正により，18歳になった高校生は，成人として一部の社会的責任が問われる時代となっている。

　そのため，高校生一人ひとりに，その責任を自覚させる必要があり，生徒の特質に応じた教育指導が求められている。

　しかし日々社会は進展しており，学校教育で学んだことは基礎基本を除き陳腐化する。そこで，これからの人生100年時代には，日々学習する姿勢と実践力が求められる生涯学習時代になってくる。

　教育基本法の施行後初めての改正が2006年12月に行われ，第3条に新しく「**生涯学習の理念**」が加えられ，「国民一人一人が，自己の人格を磨き，豊かな人生を送ることができるよう，その生涯にわたって，あらゆる機会に，あらゆる場所において学習することができ，その成果を適切に生かすことのできる社会の実現が図られなければならない」と規定された。この理念に従うまでもなく，誰もが日々の仕事や生活を通して，自らの仕事や日常生活を改善・充実させる行動が必要である。

　そこで，学校教育は，生涯学習の一環と捉え，生涯学習のための基礎となる主体的な「学び方」「学び続ける力」を学校教育を通して，一人ひとりの生徒に育成する必要がある。

　それにより，誰でもがe-ラーニングなどを活用して，社会人になっ

てからも，必要なときにいつでも学べる姿勢を身に付けるのである。

また，生涯学習のために学校の施設・設備や教育機能を提供することも必要である。公開講座の実施，体育施設の開放，生涯学習講座の開講など地域に開かれた学校として，地域の教育力を活用することにより地域社会と学校の緊密度が一層深まることが期待される。

これが地域に開かれた学校［opened school］である。

第2節　工業技術教育の活性化方策

一般に，高等学校としての工業技術教育［industrial technology education］は，工業高等学校や総合学科高等学校の工業系で行われている。

ここでは，工業高等学校の工業技術教育について述べる。

❶ 工業技術教育の活性化

わが国は，高度な工業技術力によって付加価値の高い製品を生産し，発展してきたが，資源をほとんど持たないわが国が今後とも経済力を維持発展させるためには，従来にも増して創造性豊かな技術者・技能者を育成し，科学技術創造立国［advanced science and technology oriented nation］として飛躍する必要がある。

付加価値の高い製品を研究・開発・生産し，世界各国に輸出して経済力を維持し，さらに高めるためには，それを可能にする工業技術者が欠かせない必要条件であり，その育成が工業技術教育の役割である。

そのためには，工業技術に関わる基礎的・基本的な知識と技術の習得を基盤として，高度な技術を併せ持つ創造性豊かな**実践的技術者**の育成が不可欠である。工業技術教育は，このような実践的技術者の育成を目指し，主体的・対話的で深い学びを実現し，生徒一人ひとりの個性や能力・適性を伸張し，意欲を引き出して社会の発展を図る創造的な能力と実践的な態度を育てるための工夫した指導が必要である。

そこで工業技術教育の役割を正しく捉え，課題を明確にして，工業技術教育の活性化を図ることが大切である。

ここでは，工業技術教育の活性化方策について述べる。

(1) 工業教育理念検討委員会報告

1999年（平成11年），全国工業高等学校長協会の「工業教育理念検討委員会」は，「未来に羽ばたく魅力ある工業教育を目指して」と題した提言の中で，生徒の夢を叶える工業教育方策として，3つの道を示した。

① **スペシャリスト [specialist]（専門技術者）への道**

ある分野の技術に関しては，誰にも負けないという自信と誇りを持ち，社会に貢献できる人材を育成することが工業教育の大きな目標の一つである。また，学科の専門性を活かし，技術の高度化に対応した実践的技術者を育成するためには，専攻科を設置し，知識や技術の深化を図る継続教育の推進が必要であるとした。

② **幅広い知識と技術を持つ人材育成への道**

さまざまな事象に関して，自ら問題解決能力と創造性の育成を図り，機械，電気・電子，情報といった個々の分野だけではなく，将来に向けて，工業技術の融合化や複合化などの多様化に幅広く対応できる応用性のある総合的な実践的技術者を育成する。

③ **大学等への進学の道**

工業高等学校等に学ぶ生徒の中には，専門的知識・技術をさらに深め，工学的な能力や資質の向上を目指している生徒もいる。このような生徒の希望に応えるためには，工業科卒業生を対象とした工業高等専門学校への編入学者数の拡大，大学工学部等への推薦枠の拡充などを図ることが大切である。

この提言を受けて全国工業高等学校長協会は，国や都道府県の教育委員会に働きかけを行い，その実現に向けて努力してきた。

(2) **専攻科の設置**

国際分業の進展と国際競争力の激化が進む中で，工業技術の高度化，環境，エネルギー制約の深刻化，情報化とネットワーク化の進展など，新たなものづくり産業を支える高度な専門性を身に付けた人材が求められている。そのためには工業高等学校3年間の上に2年間の**専攻科**を設置し，高等専門学校のような専攻科の修了者が大学3年生への編入が可能となるような変革が求められてきた。

しかし，高校生の減少とともに，大学の推薦入学枠の拡大により，現状の工業科教育の充実を推進することで，実力のある生徒を大学に送り出せるような方向になってきており，専攻科設置の意義は衰退している。
　ただし，地域密着の伝統産業の継承者育成を目指す，例えば窯業の専門家としての高度技能者育成や自動車整備などの特定の資格取得を目的とした，高度技能等の習得を目指す専攻科設置は今後とも必要である。

❷ 工業高等学校の普通教科と専門科目への対応

　工業高等学校［industry technical high school］の技術教育を広い観点で捉えると，普通教科・科目に関する教育と専門教科としての工業科目に関する教育に分けることができる。ここでは，普通教科［ordinary subject］及び工業科目［industrial subject］の課題について述べる。

(1) 工業高等学校での大学等への進学希望者への対応

　生徒の中で，大学進学希望者［applicants wishing to enter college］が年々増加している。大学工学部等への進学を目指す生徒に対しては，英語・数学・物理などの学習の充実が不可欠であり，学校により大学進学者対応のコースを設定して指導の充実に努めている。しかし，その設定にあたっては，工業の専門科目の学習単位数の縮減には十分配慮し，工業科目を減らし普通教科の単位数を確保する場合は，工業科の存在目的が損なわれないような教育課程の編成が必要である。
　そのためには，個々の生徒にきめ細かく対応し，本人や保護者などを交えてよく話し合い，確固とした将来展望と大学進学を目指す意志を確認した上で，工業に関わる科目の最低履修単位数25単位を確保しながら，大学入試に対応する教科・科目の指導を充実させるような工夫した取組が必要である。

(2) 工業の専門科目指導の要点

　工業科の指導においては，将来のスペシャリストの育成に必要な専門性の基礎・基本を重視し，各学科の専門分野に関する基礎的・基本的な知識や技術・技能の定着を図るとともに，ものづくりなどの体験的学習を通して生徒一人ひとりに課題解決できる実践力を身に付けさせる必要がある。

さらに，資格取得や有用な各種検定や技術競技会等に参加するなどの目標を持った意欲的な学習を通して，知識や技術及び技能を身に付けさせ，その活用により課題を探究し解決する力などが育成できるように指導することが求められている。
　特に工業科には，地域産業を担う人材育成という使命もあり，地域社会との連携・交流を通じた実践的教育や優秀な外部人材を活用した授業実践等を推進し，個々の生徒の社会への適応能力等を育成する必要がある。
　2018年3月の学習指導要領の改訂では，2022年度の新入生から実施される工業科目は，従来からの61科目から一部科目が整理統合され59科目で編成されている。
　ただし，工業科のすべての生徒が原則履修する科目である「工業技術基礎」と「課題研究」の規定には変わりない。

第3節　工業技術教育のあゆみ

　明治維新により幕藩体制が崩壊し，1868年（明治元年）に明治時代に入り，学校教育制度の確立には，江戸時代からの藩校はもとより，庶民のための寺子屋が基盤となって，1872年（明治5年）の国民皆学の学制発布につながり，その後の学校教育制度の普及に役立った。
　そして，わが国の幕末から現代に至る産業の発展には，この教育制度の貢献が大きかったといえる。
　西欧の各国は，18世紀末の産業革命期から近年に至るまで，工業生産の大小がその国の経済力の強弱を生み出し，社会的・経済的発展に影響を及ぼしてきた。
　その欧米先進国の産業は，わが国の工業生産や技術教育にも影響を及ぼし，よい意味でわが国の近代化の推進につながった。
　わが国は，明治・大正・昭和の時代を経て，昭和40年代の高度経済成長期から始まった産業社会の進展により工業高等学校や高等専門学校も全盛期を迎え，高等学校や大学への進学率も高まった。
　その後の**高度情報通信技術**の急速な進歩は，1990年代に入ってアメ

リカを中心として加速し，社会経済システムに変革をもたらしたIT［Information Technology］革命へとつながった。

情報化は，社会のさまざまな分野で進展し，これまでいろいろなメディアによって伝えられていた情報が，電子化され，情報通信ネットワークを通じて簡単に受信したり発信したりできるようになった。

これからの社会は，人工知能AI［Artificial Intelligence］に代表されるように，情報化が加速度的に進み，21世紀の社会は，情報がものやエネルギー以上に有力な資源となり，情報の生産と活用が中心となって，ビッグデータの活用などによる経済・社会が発展していく時代となり，学校教育における情報技術教育の充実が一層必要になっている。

❶ 江戸末期から明治初期の技術教育

18世紀後半からイギリスで始まった産業革命により農業中心の伝統的な産業が後退し，代わって工場生産業が拡大し，紡績機，製鉄技術，蒸気機関，蒸気車，蒸気船などが実用化された。

このような工業の近代化により，欧米列強諸国は，蒸気船や鉄製大砲を支えに，国外の市場や植民地獲得を目指しアジア侵出を狙っていた。

幕末期，わが国の工業化への対応は，隣国の清国がイギリスとの戦争に負けたアヘン戦争（1840～1842年）を契機とし，さらに1853年のペリーの黒船来航の衝撃を受け，わが国も西欧の植民地化を恐れて，その対策が急務となっていた。

鎖国時代の開国の窓口であった長崎出島の警備役を1641年から担当していた佐賀藩では，西欧の進んだ技術情報を得て，独学し，国内でいち早く反射炉をつくり，鉄製大砲や実用蒸気船製造に成功していた。

わが国では，幕末期の1850年代から明治後半にあたる1910年までのおよそ半世紀の間に西洋の技術を導入し，西欧に追いつき追い越せを目標に国民哲学の教育制度を普及させて，産業国家の基盤ができあがった。

(1) **幕末期の万国博覧会の影響**

1862年幕府は，ただちに開港を迫るヨーロッパ諸国に対して，開港の延期についての交渉をするため，イギリスを含む6カ国の条約相手国に使節団を送った。

この使節団は，1862年の第2回ロンドン万国博覧会［World Exposition］の開幕式に出席し，西欧諸国の技術情報の収集に努めていた。
　使節団は何度も会場を回り，特に機械に関心を寄せた。また，万博会場以外にも電信局，海軍工廠，造船所，銃器工場などを視察した。
　この万博には，日本からの正式な出展はなかったが，イギリスの初代公使オールコックが，自身の収集品であるわが国の漆器や陶磁器，青銅器などの工芸品を展示し，ヨーロッパの人々からは絶賛された。このことにより，わが国の工芸技術の優秀性が認められるきっかけとなった。
　この万国博覧会への幕府使節団は，幕末期に諸外国の工業技術を導入するきっかけとなり，かつ技術指導者の招聘にも役立った。
　一例としては，長崎造船所における造船技術及び原動機整備などの関連機械技術の導入を契機として，その後の江戸や神戸には機械や鉄鋼技術に関わる施設が増設された。幕末期のこれらの施設・設備は，明治政府に引き継がれて，その後の技術者の育成に貢献した。

(2)　**明治初期の学校教育と工業教育の始まり**

　幕末期の先進国への使節団やその後の西欧やアメリカなどの先進各国との交流の影響を受けて，先進国の工業技術の先進性に触発された明治政府は西欧先進諸国に追いつくために殖産興業と教育制度の確立を急務とし，国民皆学を目指し1872年（明治5年）に学制発布し，下等小学校は6〜9歳までの4年間とし，その上には上等小学校（10〜13歳）を設けた。
　当時の明治政府は，工業技術の振興のために「**お雇い外国人**」と称された諸外国の専門技術者や研究者を招聘し，日本人の技術者養成に努めた。
　明治初期の技術者育成は，修技学舎や伝習所で実施されていた。
　学校教育における技術者育成は，ドイツ人のワグネルの建議などにより，開成学校内に中等教育程度の工業技術教育を施す教育機関として「製作学教場」が1874年（明治7年）に創設された。この「製作学教場」には，工作と製錬の2科が設けられ，予科と本科各2年の4年間課程で技術教育が行われていた。この東京開成学校内の「製作学教場」は，教育制度の中における工業教育の始まりとされている。

❷ 明治から昭和初期の工業技術教育

⑴ 工業高等学校の前身の誕生

1879年（明治12年）に「学制」が廃止され，「教育令」が施行され，中等教育程度の工業技術教育を目標とした「**東京職工学校**」（東京工業大学の前身）が1881年（明治14年）に創設された。

1882年（明治15年）には，予科1年本科3年の4年制となり，1886年の学制改革によって帝国大学附属「東京高等工業学校」と改称された。

設置されていた学科は，機械工芸科と化学工芸科の2科であり，機械工芸科本科（1，2年）の履修科目として「数学，物質強弱論，職工道具，元力機，重学，図学，実験，諸器械，職工経済，簿記法，修身」が設けられていた。入学資格は，満16歳以上25歳以下で，入学試験が実施されていた。

現在の工業高等学校の前身の学校としては，1886年（明治19年）に京都染工講習所（後に京都市立洛陽工業高等学校，現京都市立京都工学院高等学校）が設置され，1887年（明治20年）には，八王子織物染色講習所（現八王子桑志高等学校）がつくられ，公立の工業学校としては日本で最初である金沢工業学校（現石川県立工業高等学校）が設立されている。

⑵ 「徒弟学校」における教育の意義

1890年（明治23年）には，東京職工学校は**東京工業学校**となった。

産業の工業化を背景として1894年（明治27年）に「徒弟学校規程」が制定され，同年の4校から1918年（大正7年）には136校が設置されている。その後，実務的な中堅技術者が必要とされ，「東京職工学校」に附属する「職工徒弟学校」が設置された。

この学校の目的は，職工の育成を目指し，科目は「修身，算術，幾何，物理，化学，図画，職業科目，実習」であった。開講日は，この学校に通う生徒の実態に合わせて，日曜日や夜間あるいは設置地域の状況に配慮し，開講を農閑期に限ることができる特徴があった。このような定時制教育（現代は夜間開講の意味が強い）は，実務的な人材育成に貢献してきた。

(3) 実業教育費国庫補助法の整備

　実業教育の普及と振興を図る目的から，1894年（明治27年）に「**実業教育費国庫補助法**」が制定され，公立と私立の実業学校に広く補助を認めて産業技術専門教育の振興を図った。このような国家的支援による産業教育の振興策は第二次世界大戦後においても産業教育振興法として実施されており，産業教育推進に貢献してきた。

(4) 実業学校の整備

　1894～1895年（明治27～28年）の日清戦争勝利後の産業の急激な発展によって，中等教育程度の技術者の需要が高まり，実業学校による組織的・系統的な技術者の育成が必要になった。そのため，1899年（明治32年）に実業学校令が制定され，**実業学校**の整備・充実が推進された。

　この法令によりそれまでの徒弟学校は実業学校に組み入れられた。

　実業学校令では，「工業，農業，商業等の実業に従事する者に必要な教育を施す」として，14歳以上，高等小学校程度の学力を有する者に，予科2年，専攻科1年の教育が施された。この一連の制度は，1948年（昭和23年）新制高等学校の発足まで続いた。

(5) 大正時代の工業技術教育

　大正（1912～1926）時代に発生した第一次世界大戦（1914～1918年）前後の世界的な科学技術革新を背景として，わが国の実業学校の再整備とその教育の推進が図られた。これらは，1920年（大正9年）の「実業補習学校規程」，「工業学校規程」の改正によって推進された。そこでは，学科の専門科目が細分化され，実習時間を多くして専門技術者の育成が重視されるようになった。その修業年限は，尋常小学校卒業後3～5年，高等小学校卒業後2～3年であった。

　次に各学科の科目名を例示した。

機械科：工作機械，内燃機関，精密機械，製造用機械，機械仕上，製図，
　　　　船舶機械，鋳工，鍛工，造船，兵器，蒸気，木型

電気科：電気機械，電力，電気通信，電気鉄道，照明

女子に関する科目：色染，機械，紡績，製糸，図案，分析

(6) 1926年（昭和元年）～1945年（昭和20年）の敗戦までの動向

　1930年（昭和5年）に，工業学校規程が改正され，2年制の乙種工業

学校が認められた。時局は第二次世界大戦（1939〜1945年）により工業教育が重要視され，1941年（昭和16年）に国民学校令が定められた。

1943年（昭和18年）に実業学校はその規程により，農業・工業・商業・商船等が定められた。

その後，1945年（昭和20年）の敗戦まで，戦時教育令により中学校以上の学校は，事実上その機能を果たせなくなった。

❸ 第二次大戦後の工業技術教育
(1) 戦後の教育改革と工業技術教育

1946年（昭和21年）アメリカ教育使節団［US Education Mission］が，わが国の教育改革策定のために来日し，国内の教育について調査を行って報告書が出された。

これを受けて，連合国司令部の指導・監督と教育刷新委員会の建議をもとに，軍国主義や極端な国家主義を排除し，戦後の教育改革の枠組みが作られた。ここでは，教育の目的や内容，戦前の複線型の学校制度から6・3・3・4制の単線型の学校制度や教員不足や無資格教員の解消など教育行政面までの教育全般にわたって勧告し，戦後の教育改革の基本となった。

高等学校教育に関する事項としては，男女共学，総合制，学区制，単位制の導入が推奨された。工業教育に関する事項としては，職業教育の必要性と充実についても言及していた。

1948年（昭和23年）に**新制高等学校**が発足し，高等学校は学区制・男女共学制・総合制が基本とされ，全体の1,850校の新制高等学校のうち，42％が総合制高等学校，32％が普通課程と職業課程の併設高等学校，10％が職業課程単独の高等学校となった。

総合制高等学校は，当時のアメリカ式の選択科目中心とする生徒の選択に委ねる学習形態であった。そこでの職業教育は，選択科目の開設として実施されていた。

1948年（昭和23年）の高等学校の設置基準の設定により，新制工業高等学校の学科としては，「機械，造船，電気，電気通信，工業化学，紡織，色染，土木，採鉱，建築，冶金，金属工業，木材工芸，金属工芸，

窯業」の 15 学科の工業課程が提示された。

　1945 年の敗戦からの復興を目指し，学校教育では中学校卒業後集団就職で都会の中小企業に就職する生徒達のために，中学校の職業科の充実と，高等学校では卒業後直ちに就職する生徒のために職業高等学校の充実が課題であった。1954 〜 1955 年の教育課程審議会では，特に「高等学校の教育課程」，「職業課程における教育課程」などの答申により，職業教育改善と充実の方策が示された。

　その後，1951 年（昭和 26 年）には，「産業教育振興法」[Industrial Education Promotion Law] が成立し，産業教育が国庫の助成のもとで推進されることとなり，戦後の復興に大きく貢献した。この法律は，中学校，高等学校，大学等の産業教育に関わる施設・設備の整備充実を図るものであったが，主として高等学校が対象となり，工業教育を中心とした専門技術教育を進展させることにつながった。

　1950 年（昭和 25 年）には，中学校卒業者の高等学校進学率は 45.5% だったが，1964 年（昭和 39 年）には 70.6% に上昇した。進学率を男女別にみると，戦前は，女子の進学率は相当低かったが，戦後の新学制になってからは年々増加し，1964 年には男子 73.3% に対し，女子 67.8% となった。

　第二次世界大戦後のベビーブームの現象は，その影響が 1963 年度（昭和 38 年度）以降の中学校卒業者数の急激な増加にあらわれている。このため，文部省では，1962 年度（昭和 37 年度）に高等学校生徒急増対策を立てた。

　この計画では，生徒急増期にあたる 1963 〜 1965 年度（昭和 38 〜 40 年度）において，高等学校進学率（60%）を保障することを前提として，毎年約 150 万人を高等学校に入学させることを目標とし，全国に新設の工業高等学校や商業や農業の専門高等学校及び夜間定時制の課程の新設により対応した。1963 年度（昭和 38 年度）の高等学校入学者数は 169 万人，進学率は 67.8%，1964 年度（昭和 39 年度）の入学者数は 171 万人，進学率は 70.6% と予想以上の伸びに対応した。工業高等学校の生徒数は，1962 年（昭和 37 年）38 万 1 千人が 1965 年（昭和 40 年）には 62 万 4 千人と急増していた。生徒急増に対応するため，全国に新設の工業高等

学校がつくられ，高度経済成長を支える人材を輩出した。

(2) 戦後の工業教育の内容

　戦後の新制高等学校［new school senior high school］における教育課程は教科課程と呼ばれていた。この当時の教科課程は，学習指導要領一般編第3章の補遺として発表された。1947年（昭和22年）4月の試案「新制高等学校の教科課程に関する件」に基づいて実施されていたが，1949年からの教科課程は，一般教育，工業教科のように分けて示された。

　この改訂は大教科・科目制となり，選択制も大幅に取り入れられた。これは，実業関係を含めて全新制高等学校で実施された。この改正において生徒は，1週当たり30〜34時間，年間35週以上を学校において授業または指導を受けなければならないとし，現在まで継続している授業時間数等の確保の基礎が示された。

　当時の卒業単位数は，85単位以上とされていたが，職業課程では必要に応じて適当な時間数の実習を85単位以外に課すことが認められていた。さらに，職業課程においては，社会，数学，理科の単位数を必要に応じて指定された単位数を下回ってもよいとされる例外的な措置も講じられていた。これらは，産業復興期の教育上の特徴であった。

(3) 経済成長期の工業技術教育

① 1955年（昭和30年）〜1980年（昭和55年）頃の工業技術教育

　1950〜1951年（昭和25〜26年）は，朝鮮戦争勃発（1950年6月）による経済特需を契機として，わが国の技術者育成が急務となり，新たな工業技術教育の充実が必要となった。

　1951年（昭和26年）の**学習指導要領改訂（試案）**では，それまでの教育改革を反映して生徒の個性を尊重し，進路選択を重視する指導を展開するために大幅な科目選択制が実施されたが，当時としては学校運営上十分に対応できないなどの問題点が指摘された。

　当時「工業科」の教育の目標は，「中学校教育の基礎の上に立ち，将来わが国の工業界発展の推進力となる技術員の育成を目的」とし，「現場技術にその基礎を置いて，基礎的な知識・技能・態度」を習得させ，「工業人として正しい自覚を持たせること」を目指していた。

特に,「それぞれの工業分野における基礎的知識,技能を習得させ,科学的根拠を理解する」ような人材の育成を目標としていた。

この目標は,1960年（昭和35年）の学習指導要領の改訂においても反映され,わが国は高度経済成長期に単に実務的な技術員ではなく,科学的に物事を思考できる人材育成に努めてきた。

1951年（昭和26年）改訂の学習指導要領の教育課程では,卒業に必要な単位数は85単位以上で,専門科目の修得単位数は最低30単位以上であった。その単位数は,1960年（昭和35年）と1970年（昭和45年）の改訂では,戦後の高度経済成長［high economic growth period］のまっただ中であり工業高等学校での専門教育の充実が産業界から強く要望され,専門科目の最低の修得単位数は,30単位から35単位に増加して充実が図られた。そのため,全国の工業高等学校では毎週2回の7時間授業が実施され,各企業の基盤を支える技術者の育成に貢献した。

当時,全国の工業高等学校で設置できる学科名や科目名は学習指導要領で規定されており,1970年の改訂時には,機械科や電気科など21学科と,実習や製図等の科目の数は164科目もの多様な科目が規定され,コンピュータを中心とする情報技術に関わる新たな教育が推進されるようになった。

その頃のわが国は,戦後の高度経済成長に支えられ,高等学校進学率が1960年（昭和35年）の58％から1971年（昭和46年）には85％を超えるまでになり,個に応じた多様な教育が求められていた。

また,高等学校進学率の上昇に伴い大学進学希望者も増加し,普通科指向が強まり,職業高等学校への希望者は減少傾向となり,入学する生徒の能力・適性や興味・関心等が多様化した。

そこで,職業教育を主とする学科における教育は,実験・実習の実際的・体験的な学習を重視しつつ,より基礎的・基本的な学習内容に重点を置き,地域や生徒の実態に応じて,弾力的に教育課程が編成できるように学習指導要領の縛りを緩め,1978年（昭和53年）の改訂では,専門科目の最低修得単位数を5単位縮減し30単位以上とし,戦後続いてきた卒業要件の修得単位数も5単位減じ,80単位以上となった。

② 工業高等専門学校の創設と技術者育成

1962年（昭和37年）に設立された，高等専門学校は，高等学校と同じく，中学校を卒業した生徒が入学できる教育機関である。入学後は5年間の一貫教育を行い（商船学科は5年6カ月），一般科目と専門科目をバランスよく配置した教育課程により，技術者に必要な豊かな教養と体系的な専門知識を身に付けさせることができる学校として期待されてきた。

　高等専門学校では，学んだことを応用する能力を身に付けるために，理論だけではなく実験・実習に重点が置かれている。さらに卒業研究を通して，創造性を身に付けた技術者の育成も目指している。

　学科は各学校ごとに異なり，大きくは工業系と商船系の学科に分かれ，工業系の学科には，機械工学科，電気工学科，電子制御工学科，情報工学科，物質工学科，建築学科，環境都市工学科などがあり，商船系の学科には商船学科が設けられている。

　工業系，商船系以外にも経営情報学科，情報デザイン学科，コミュニケーション情報学科，国際流通学科を設置している学校もある。

　卒業生は，製造業をはじめとしてさまざまな分野で活躍し，産業界からの評価は非常に高く，就職希望者に対する就職率や求人倍率も高い水準を保っている。卒業後，さらに高度な技術教育を受けるための専攻科（2年間）が設置されており，専攻科は5年間（商船学科は5年6カ月）の本科を卒業後，さらに2年間にわたりより高度な技術教育を学ぶことができる。

　専攻科を修了すると独立行政法人大学改革支援・学位授与機構の審査を経て学士の学位（大学学部卒と同じ資格）を得ることができる。

　また，大学に編入学することもできる。

　2016年度現在，国立51校，公立3校，私立3校の計57校が設立されており，その在籍生徒・学生総数は，10,500人である。

❹ 近年の工業技術教育と学習指導要領の改訂
(1)　1989年（平成元年）の改訂

　この改訂では，基礎的・基本的な学習内容の徹底が求められ，高等学校では家庭科が男女共修となり，社会科は地歴科と公民科に分割され，

世界史が必修となった。

工業科の専門科目については，産業の各分野におけるエレクトロニクス，管理技術，システム技術，バイオテクノロジーなどの技術革新に対応し，情報化，サービス経済化，国際化，高齢化等の進展に伴うわが国の産業構造や就業構造の変化に適切に対応できるように，各科目が見直された。さらに，学習の深化を図るとともに，問題解決能力や実践力，創造性，応用力等を育成するために新しい科目として「課題研究」が新設された。情報化に対応して「情報技術基礎」，エレクトロニクス対応として「電子基礎」「電子機械」「電子機械応用」，国際化に対応して「工業英語」の科目が新設され，前回の改訂より10科目増えて74科目が設定された。卒業要件の80単位以上と専門科目の必修単位数は30単位以上とする規定の変更はなかった。

(2) 1999年（平成11年）の改訂

この改訂では，生徒に自ら学び，自ら考えるなどの「生きる力」の育成をねらいとして，「総合的な学習の時間」と必修の普通教科「情報」が新設された。

工業科としては，将来のスペシャリストとして必要な専門性の基礎的・基本的な知識と技術を確実に習得させるため，その内容を精選し，実験・実習などの実際的，体験的な学習の充実を図った。

さらに，マルチメディア，高度情報通信技術，製造技術のシステム化などの技術革新に対応するとともに，製造業の国際的な展開を踏まえた外国語による会話力や技術文書の理解力の育成及び環境問題の対応にも配慮して改訂された。

(3) 2009年（平成21年）の改訂

この改訂では，21世紀の社会では新しい知識・情報・技術が社会のあらゆる領域で活動の基盤となる「知識基盤社会」の時代を踏まえ，確かな学力，豊かな心，健やかな体の調和を重視する「生きる力」の育成が重要であるとした。そこで専門高校としては，将来のスペシャリスト育成の観点から，専門分野の基礎的・基本的な知識，技術及び技能を習得するための教育とともに，社会的責任を担う職業人として規範意識や倫理観などを醸成し，豊かな人間性の育成を目指し改訂された。

⑷ 2018年（平成30年）の改訂

　この改訂では，「知識の理解」の質を高めるために，資質・能力を育む「主体的・対話的で深い学び」を通して，「知・徳・体」にわたる「生きる力」を育み，「知識及び技能」，「思考力，判断力，表現力等」及び「学びに向かう力，人間性等」を習得させる視点が重要視され改訂された。普通教科「情報」の科目ではプログラミング，ネットワーク，データベースの内容が加えられた。

　また従来からの「総合的な学習の時間」の名称が「総合的な探究の時間」に変更された。その目的は，「探究的な見方・考え方」を働かせて，横断的・総合的な学習を行うことにより，「よりよく課題を解決して自己の生き方・在り方を考えるための資質・能力」の育成を目指している。

　工業科目では，工業の見方・考え方を働かせて見通しをもって実験・実習などを行い，科学的な根拠に基づき創造的に探究するなどの実践的・体験的な学習活動の充実が求められている。

　改訂での専門科目の大きな変更はなく，一部の科目が整理統合され，従来の61科目が59科目となった。

　例えば，「工業数理基礎」「情報技術基礎」が廃止され「工業情報数理」が新設された。今回の改訂では新分野の科目として「船舶工学」が加えられたことが特筆される。

　改訂の趣旨を活かした学習指導計画の作成にあたっては，単元などの内容や時間のまとまりを見通して，その中で育む資質・能力の育成に向けて，生徒の主体的・対話的で深い学びの実現を図るようにする。

　工業に関する各学科においては，「工業技術基礎」及び「課題研究」を原則としてすべての生徒に履修させることの変更はない。

　指導にあたっては，地域や産業界などとの連携・交流を通じた実践的な学習活動や就業体験を積極的に取り入れるとともに，社会人講師の活用の推進も求められている。

　なお，工業に関する課題の解決にあたっては，職業人に求められる倫理観を踏まえるよう留意して指導する必要がある。

表3-3-1 学習指導要領の改訂に伴う教科・科目とその単位数の変遷

改訂年	必修の普通教科・科目・単位数	工業科目履修単位(科目数)	示された課程又は学科の数	卒業の修得単位数
1951年（昭和26年）	国語9単位，社会10単位，数学5単位，理科5単位，保健体育9単位 計38単位以上（選択 芸能2単位，女子家庭2単位，外国語5単位）	30単位以上（45科目）	機械課程等の14課程	85単位以上
1955年（昭和30年）	国語9単位，数学9単位，社会6単位，理科6単位，保体9単位，芸術2単位，家庭女子4単位選択，外国語3単位選択，職業科目4単位選択 38単位以上	30単位以上（23科目）	機械課程等の21課程	85単位以上
1960年（昭和35年）	専門学科用 国語9単位，社会10単位，数学5単位，理科6単位，保体9単位 計39単位，外国語3単位，女子家庭4単位	35単位以上（156科目）	機械科等の17学科	85単位以上
1970年（昭和45年）	国語9単位，社会8単位，数学6単位，理科6単位，保体9単位，芸術2単位 計40単位，外国語6単位，女子家庭4単位	35単位以上（164科目）	機械科等の21学科	85単位以上
1978年（昭和53年）	男子6科目29単位以上，女子7科目31単位以上，女子には家庭科4単位必修，男子体育2単位増，外国語選択科目	30単位以上（64科目）	機械科等の13学科	80単位以上
1989年（平成元年）	国語4単位，地歴4単位，公民4単位，数学4単位，理科6単位，保体9単位男プラス2単位，芸術2単位，（外国語選択），家庭女子4単位 共修計33単位	30単位以上（74科目）	機械科等の15学科	80単位以上
1999年（平成11年）	国語2単位，地歴2単位，公民2単位，数学2単位，理科4単位，保健体育9単位，芸術2単位，外国語2単位，家庭2単位，情報2単位 計31単位	25単位以上（60科目）	例示なし	74単位以上
2009年（平成21年）	国語4単位，地歴4単位，公民4単位，数学3単位，理科4単位，保体9単位，芸術2単位，外国語3単位，家庭2単位，情報2単位 総合的な学習の時間3単位 最低計40単位	25単位以上（61科目）	例示なし	74単位以上
2018年（平成30年）	国語2科目4単位，地歴2科目4単位，公民2単位，数学Ⅰ3単位，理科2科目選択4単位，保体9単位，芸術2単位，外国語3単位，家庭2単位，情報2単位 総合的な探究の時間3単位 最低計38単位以上	25単位以上（59科目）	例示なし	74単位以上

国立教育政策研究所　学習指導要領データベース資料より作成

第 4 章 工業高等学校の運営

　高等学校における工業技術教育は，戦後わが国の経済社会の発展に貢献した多くの人材を輩出してきた。その実績を糧として地域社会との連携を強化して，現代にマッチした新しい工業高等学校づくりが期待されている。

　その基本は，生徒一人ひとりが学ぶことの意義を実感できる環境を整え，一人ひとりの生徒に主体的な学びの場や実習・実験等を通して，工業技術の意義や役割を理解させ，多様な人々と協働しながら持続可能な社会の創り手になるような人材の育成が期待されている。

　そして，工業技術教育を通して，よりよい社会をつくるという理念を学校と地域社会が共有し，生徒にどのような資質・能力を育成するかを明らかにして，そのために必要な工業技術に関する学習内容を適切に選択し，地域社会との連携及び協働により実現させることが求められる。

　工業科1学年生の募集人数は，全国で7万6千人をピークとして近年7万5千人程度で推移してきている。

　2017年度は，全国の高等学校で112学級減少したが，そのうち普通科は58学級減，工業高等学校は8学級減の8,514学級にとどまっている。

　同年度の学級数で設置学科の割合をみると，普通科12,231学級65.3%，続いて工業科1,861学級9.9%，総合学科1,358学級7.4%の順である。

　また，同年度の工業高等学校の設置学科を学級数でみると，機械科2,103学級24.7%，電気科1,352学級15.9%，一括・くくり（入学時は工業科）8.9%，建築科614学級7.2%，電子機械科488学級5.7%が多い学科である。

　ここでは，工業高等学校における学校教育目標の設定を踏まえて，その実現を目指す教育課程について述べ，その実現のための学習指導法，施設・設備，進路指導，特別活動等について述べる。

1. 工業高等学校の教育目標と教育課程

第1節　工業高等学校の教育目標と教育課程

　学校教育目標［school education objectives］は，教育基本法や学校教育法などに定められた教育の目的や目標及び設置者である教育委員会の教育目標などを踏まえ，生徒と学校及び地域の実態に即し，学校としての教育理念や目的や伝統等に留意し，校長のリーダーシップのもと，全教職員の共通理解のもとにつくられる。

　その目標は，生徒の発達段階に応じて，国民として必要とされる基礎的・基本的な内容を重視し，生徒の個性・能力に応じた教育の推進により，豊かな心を持ち，たくましく生きる人間を育成する。さらに，生涯を通じて学ぶ意欲と社会の変化に主体的に対応できる「生きる力」の育成を目指すねらいと，その内容を盛り込む必要がある。

　また，工業高等学校の特質を踏まえ，工業の見方や考え方を活用し，地域や社会の健全で持続的な発展を担う職業人としての資質や能力を育成する趣旨も盛り込むようにする。

　そこで教員は，学校の教育目標を日常の教育実践の指針とし，教育活動に活かすように心掛ける必要がある。

　学校の教育目標は，毎年目標を大きく変えていくものではない。しかし教育目標は，次年度の教育計画の立案にあたって，本年度の反省をもとに結果的には改訂しなくとも，毎年見直す箇所があるかを検討する必要があり，時代の進展や生徒の実態の変化に配慮して，改善点が見つかれば，教職員の合意のもとに改めることをためらってはならない。

　その場合，教育目標が，長期的な視野での目標と短期的な視点での具体的な行動目標に分けて設定してあれば，長期の目標は3年ぐらいのスパンで見直すとか，短期的な視点での具体的な目標は，その年の教育課題に従って毎年見直し，新たな気持ちで新年度からの教育活動に取り組むことができる。

　ある県立工業高等学校の学校教育目標の一例を紹介する。

○教育目的
　本校は，教育基本法の精神に則り，学校教育法の定めるところに従って，高等学校普通教育及び工業に関する専門教育を施すことを目的とする。
○教育目標
① 他者の人格を尊重する自覚を育成するとともに，環境教育を通して人と自然の共生意識を育む。
② 教育活動全般に渡り，キャリア教育を通して勤労観・職業観・職業倫理を育み社会性を養う。
③ 保護者・中学生・地域・産業界等への積極的PRと連携を通して，教育活動の活性化を図る。
④ 教科指導方法や教材研究により，基礎基本の定着と個に応じた指導を行い学力向上を図る。
○学校目標
① 生きる・活きる
　社会を構成する一員として，生徒の自覚を育み充実した将来をめざす
② 支える
　生徒自らを高める活動への参加を促し，高校生活の充実をめざす
③ つなぐ
　地域との連携を通して教育活動の活性化をめざす
④ 学ぶ
　身近なものから世界を考える力を育て，学力向上をめざす
⑤ 守る
　安全安心の防災体制を推進する

❶ 教育課程の現状とその編成

　教育課程は，学校教育目標を達成するために，学校教育法などに定められた教育の目的［educational purposes］や教育委員会の**教育課程編成基準**などを踏まえ高等学校学習指導要領に基づいて編成する。
　具体的には，生徒の心身の発達に応じ，地域社会の特質や各学校の実情を踏まえて，総合的に組織する学校の全体計画といえる。

このように教育課程は，学校の日々の教育活動において最も重要な役割を担うものであり，各学校においては日々の授業や指導の繰り返しの中で，その存在や意義が薄れがちとなる傾向があるので，カリキュラム・マネジメントを意識し，日々の教育指導にあたるように配慮する必要がある。

　具体的には，教育課程は高等学校学習指導要領に基づいて，卒業に必要な修得総単位数，必履修教科・科目，特別活動，総合的な探究の時間等の合計単位数及び選択教科・科目の設定とその単位数等も踏まえて編成する。

　さらに，生徒が学習内容を主体的・実践的な学習を通して，確実に身に付けることができるような習熟度別指導や校外学習や企業内実習などの指導も取り入れ，地域として特色ある学校づくりになるような教育活動を組み入れた教育課程の編成が求められる。

(1) **工業高等学校の教育課程編成の現状**

　全国の工業高等学校の教育課程編成における現状を理解するために，**全国工業高等学校長協会**の教育課程委員会が 2017 年に実施した教育課程編成に関する調査結果を紹介する。

① 「編成上の基本的な考え方」を 2 項目以内で選択した結果（576 校中の回答は 1,074 項目の回答数となる）。

　「基礎的な学力の定着」とした学校は 476 校 44.3%，「専門的な技術・技能教育の充実」424 校 39.5%，「キャリア教育の推進」105 校 9.6%，「大学進学希望者への対応」67 校 6.2%，その他は 4 校 0.4% であり，過去数年の調査結果とも類似の結果であるとしている。

② 「教育課程の実施にあたって，特に取り組む内容」8 項目のうち，3 つ以内の調査では，「基礎的・基本的な知識及び技術の確実な習得と活用」550 校 40.6%，「学習習慣の確立」410 校 30.3%，「安全教育の推進」237 校 17.5% が多く取り上げられていた（少ない他の項目は省略した）。

③ また 1 週間の授業時間数が増加したかの設問では，週 2 時間増が 38.5%，週 1 時間増が 57.7% であった。そのための対応として，7 校時の設定が 33 校中 26 校 78.8% と多かった。

④　卒業に必要な最低単位数は 74 単位であるが，各学校の卒業に必要な修得単位数に関しては，74 〜 75 単位が 144 校 25.5%，続いて多いのが 90 〜 91 単位が 119 校 21.1%，80 〜 81 単位 82 校 14.5% の順になっていた。

　　なお，設定している卒業までの履修総単位数は，88 〜 90 単位が 63.9% と最も多く占めていた。

(2)　**教育課程の編成手順**

　教育課程の編成手順は，すべての教職員が関わる中で，校長の教育方針の具現化をするために学校教育目標を共通理解し，その実現を目指し意思統一を図る必要がある。

　一般的には，教務主任等が委員長からなる教育課程編成委員会が結成され，各教科主任や各部主任，各学科主任，各学年主任等で構成される委員会が，学習指導要領に基づき，各教科の単位数や学校行事や特別活動等を踏まえて，教育課程表の原案を作成する。

　各教科の単位数を調整する場合などは，各教科主任が自分の担当教科の単位数の確保を主張し，単位数の削減に応じないなど，教科エゴなどが出ないような運営方法が求められる。

　その上で，作成された原案は，校長の了承のもと，企画調整会議などを経て，職員会議で全教職員に改訂主旨を徹底し，実施に向けた共通理解を図ることが大切である。

❷ 教育課程の評価と改善

　教育課程を実施した上で教育課程の評価を行うことは，学校が本来の機能を果たしているかを検証する意味で重要である。

　また，その評価をもとに必要に応じて教育課程を改善しなければならない。したがって，毎年度学校は，**学校評価基準**［school evaluation standard］に基づく評価を踏まえて教育課程の改善を行う必要がある。

　2018 年の改訂において，「カリキュラム・マネジメント」の必要性が提言され，校長を中心としつつ，教科等の縦割りや学年を越えて，学校全体で教育課程の改善を日々意識しつつ，取り組んでいくことが期待されている。そのためには，学校の組織及び運営についても見直しを図る

必要がある。そこで，管理職のみならずすべての教職員がその必要性を理解し，日々の授業等についても，教育課程全体の中での自分の教科の位置付けを意識しながら取り組む必要がある。

また，学習指導要領等をよく理解し，学校の生徒たちの姿や地域の実情等と指導内容を照らし合わせ，効果的な年間指導計画等の在り方や，授業時間や週時程の在り方等について，校内研修などを通じて研究を重ねていくことも必要である。こうしたカリキュラム・マネジメントについては，管理職のみならず，すべての教職員が日常的に責任を持ち，「Plan‐Do‐Check‐Action」のサイクルを意識しつつ，そのために必要な力を教員一人ひとりが身に付けられるようにしていくことが必要である。

さらに，社会に開かれた教育課程の観点からは，学校内だけではなく，保護者や地域の人々などを巻き込んだカリキュラム・マネジメントを確立していくことも，今後の学校教育の改善充実に役立つ。

❸ 高等学校学習指導要領の内容

2018年3月に告示された高等学校学習指導要領を踏まえて，「工業」の改訂内容に絞って述べる。

今回の改訂は，2018年度は周知徹底年度で，2019年度から2021年度までの3年間は移行期間とされ，2022年度入学生徒の1学年から年次進行で実施される。

(1) **工業科に関わる必履修の普通教科・科目**
1) 卒業までに修得させる単位数は，74単位以上である。
　　従来から1単位時間は50分とし，35単位時間の授業を1単位とする。
2) 普通教科の必履修科目（注：必修得科目ではない）
　　国語（現代の国語2単位，言語文化2単位）
　　地歴（地理総合2単位，歴史総合2単位）
　　公民（公共2単位）　　数学（数学Ⅰ　3単位，2単位も可）
　　理科（科学と人間生活2単位と他の基礎科目を含む2科目又は物理基礎2単位，化学基礎2単位，生物基礎2単位，地学基礎2単位から3科目選択）

保健体育（体育7～8単位，保健2単位）

芸術（音楽Ⅰ，美術Ⅰ，工芸Ⅰ，書道Ⅰの各2単位から1科目選択）

外国語（英語コミュニケーションⅠ　3単位，2単位も可）

家庭（家庭基礎2単位，家庭総合4単位から1科目選択）

情報(情報Ⅰ　2単位,情報Ⅱ　2単位から1科目選択。工業科目の「工業情報数理」で代替可能)

総合的な探究の時間（3～6単位，2単位まで減可能。工業の専目科目の「課題研究」で代替できる）

なお，特に必要がある場合には，標準単位数の標準の限度を超えて単位数を増加させることができる（注：学力の低い生徒への対応処置）。

(2)　**工業科の目標**

工業の見方・考え方を働かせ，実践的・体験的な学習活動を行うことなどを通して，ものづくりを通じ，地域や社会の健全で持続的な発展を担う職業人として必要な資質・能力を次の通り育成することを目指す。

1)　工業の各分野について体系的・系統的に理解するとともに，関連する技術を身に付けるようにする。

2)　工業に関する課題を発見し，職業人に求められる倫理観を踏まえ合理的かつ創造的に解決する力を養う。

3)　職業人として必要な豊かな人間性を育み，よりよい社会の構築を目指して自ら学び，工業の発展に主体的かつ協働的に取り組む態度を養う。

なお，これらの目標の実現のために次の事項に配慮する。

①　各科目の単元などの，内容や指導時間のまとまりのある区切りを見通して，その中で育むべき資質・能力の育成に向けて，生徒の主体的・対話的で深い学びの実現を図るようにすること。

②　工業の見方・考え方を働かせ，見通しをもって実験・実習などを行い，科学的な根拠に基づき創造的に探究するなどの実践的・体験的な学習活動の充実を図ること。

❹ 工業科の専門科目

2018年3月告示の学習指導要領の改訂により，**工業の科目数は61科**

目から整理統廃合により3科目が減じられたが，新しい分野の科目として「船舶工学」が新設され，工業系の専門科目は59科目となった。

　工業のすべての学科の生徒が原則として履修する科目は，「工業技術基礎」と「課題研究」で変わりない。

(1) **改訂による変更点**
① 「工業数理基礎」と「情報技術基礎」が整理・統合され**「工業情報数理」**が新設された。(科目減1)
② 「生産システム技術」「電子機械応用」が整理・統合され**「生産技術」**が新設された。(科目減1)
③ 「電子情報技術」は「ハードウェア技術」に統合された。(科目減1)
④ 「材料技術基礎」が「工業材料技術」に名称変更された。
⑤ 「環境工学基礎」が「工業環境技術」に名称変更された。
⑥ 「電気基礎」が「電気回路」に名称変更された。
⑦ 「土木基礎力学」が「土木基盤力学」に名称変更された。
⑧ 「工業材料」が「材料工学」に名称変更された。
⑨ 「デザイン技術」が「デザイン実践」に名称変更された。
⑩ 「船舶工学」が新設された。(科目増1)

(2) **指導計画の作成にあたっての配慮事項**
1) 工業に関する各学科においては，「工業技術基礎」及び「課題研究」を原則としてすべての生徒に履修させること。
2) 工業に関する各学科においては，原則として工業科に属する科目に配当する総授業時数の10分の5以上を実験・実習に配当すること。
3) 「実習」及び「製図」については，それぞれ科目名に各学科の名称を冠し，例えば「機械実習」，「機械製図」などとして取り扱うことができること。
4) 地域や産業界等との連携・交流を通じた実践的な学習活動や就業体験を積極的に取り入れるとともに，社会人講師を積極的に活用するなどの工夫に努めること。
5) 障害のある生徒などについては，学習活動を行う場合に生じる困難さに応じた指導内容や指導方法の工夫を計画的，組織的に行うこと。

⑶ 工業科目の内容の取扱いの配慮事項
1) 工業に関する課題の解決方策は，科学的な根拠に基づき論理的に説明することや討論を通して，言語活動の充実を図ること。
2) コンピュータや情報通信ネットワークなどを活用し，学習効果を高められるように工夫すること。
3) 工業に関する課題の解決にあたっては，職業人に求められる倫理観を踏まえられるよう指導すること。
⑷ 実験・実習上の注意事項
1) 実験・実習［experiment practice］にあたっては，関連する法規等に従い，施設・設備や薬品などの安全管理に配慮し，学習環境を整えるとともに，事故防止や環境保全の指導を徹底し，安全と衛生に十分留意すること。
2) 実験・実習による，排気や廃棄物や廃液などの処理について十分留意すること。
⑸ 工業の教育課程編成の留意点
　工業に関する指導にあたっては，実験・実習を重視し，コンピュータや情報通信ネットワークなどの活用を図り，学習の効果を高めるとともに，安全管理に十分留意する。
　また，生徒の個々の能力の伸長を図るため，専門分野の基礎・基本の徹底を図ることのできる教育課程の編成に努める必要がある。
　なお，「課題研究」の科目の履修によって「総合的な探究の時間」の学習活動に代替する場合は，その履修した成果が「総合的な探究の時間」のねらいからみて満足できるものであること。なお，代替は，自動的に認められるものではないことに留意したい。
　「工業情報数理」の履修により，「情報Ⅰ」の履修と代替する場合も同様の配慮が必要であり，2単位以上の履修が必要である。
　なお，学校外の学修等についての単位認定は，制度と根拠規定等を明確にし教育課程上に明示しておく必要がある。

❺ 工業技術教育指導上の課題
　工業技術教育は，工業技術の高度化・情報化，産業構造・就業構造の

変化，国際化の進展など，工業技術社会の変化に適切に対応できる資質を身に付けさせる必要がある。このような社会の変化の中で，将来のスペシャリスト［specialist］の育成が叫ばれる一方，多様な生徒を一人前の技術者・技能者として育成し，社会に送り出す教育が求められている。

　そこで，工業教育においては，基礎的・基本的な知識や技術を実験・実習を通して習得させるとともに，新技術にも興味・関心を持ち，果敢に挑戦する態度を身に付けさせたい。

　さらに，技術者倫理を身に付け，安全で安心して暮らせる社会を目指し，地球温暖化や産業廃棄物に伴う環境の悪化を防止し，環境の保全や資源のリサイクルなどの課題解決に取り組む技術者の育成を推進する。

　また，インターンシップ［internship］や工場見学，企業人の講師派遣などを活用し，地域社会や産業界と連携を強化し，技術習得とともに企業人として必要な資質を理解し，実体験を通して習得させたい。

第2節　工業高等学校の学習指導と評価

❶ 専門教科「工業」の共通履修科目

(1)　工業科の科目とその主な内容（2018年告示の学習指導要領）

　工業科の科目の内容や指導上の留意点などは，高等学校学習指導要領及び同解説「工業編」に明記されているので，参考にする必要がある。

　ここでは，最初に2018年3月告示の高等学校学習指導要領の工業科の主な科目とその学習内容についてまとめた。

① 　専門教科・科目の最低履修単位数は，25単位以上である。
② 　工業に関する各学科においては，原則として工業科に属する科目に配当する総授業時数の10分の5以上を実験・実習に配当することとされており，実験・実習での学習指導を重視する。
③ 　すべての学科の生徒が学ぶ**共通履修科目**としては，「工業技術基礎」と「課題研究」があり，「工業技術基礎」は，入学当初に工業に関する各分野の基礎的な技術を実験・実習によって体験させ，工業の持つ社会的な意義や役割や人と技術の関わりなどについて学ばせる必要が

ある。

「課題研究」は，低学年で学んできた知識や技術を活用して，自ら課題設定して，課題解決する科目であり，最終学年での学習が期待される。

また，「工業の各分野における共通科目」としては，「実習」「製図」「工業情報数理」「工業材料技術」「工業技術英語」「工業管理技術」「工業環境技術」の7科目が設けられている。

このうち，「実習」「製図」「工業情報数理」の3科目は，すべての学科における「共通的」な指導項目で構成されている科目である。

なお，「工業材料技術」「工業技術英語」「工業管理技術」「工業環境技術」の4科目は，各学科の特色や生徒の進路希望などにより，選択履修する科目である。

❷ 工業技術基礎の展開

(1) 目標

工業の見方・考え方を働かせ，実践的・体験的な学習活動を行うことなどを通して，工業の諸課題を適切に解決することに必要な基礎的な資質・能力を次の通り育成することを目指す。

1) 工業技術について工業のもつ社会的な意義や役割と人と技術との関わりを踏まえて理解するとともに，関連する技術を身に付けるようにする。
2) 工業技術に関する課題を発見し，工業に携わる者として科学的な根拠に基づき工業技術の進展に対応し解決する力を養う。
3) 工業技術に関する広い視野をもつことを目指して自ら学び，工業の発展に主体的かつ協働的に取り組む態度を養う。

(2) 内容

目標に示す資質・能力を身に付けることができるよう，次の指導項目を指導する。

1) 人と技術と環境
   ① 人と技術，② 技術者の使命と責任，③ 環境と技術
2) 加工技術

① 形態を変化させる加工，② 質を変化させる加工
　3) 生産の仕組み
　　① 生産工程，② 分析と測定技術
(3) **内容の取扱いについて**
1) 内容を取り扱う際には，次の事項に配慮する。
　① 「人と技術」については，産業社会，職業生活，産業技術に関する調査や見学を通して，働くことの社会的意義や役割，工業技術と人間との関わり及び工業技術が日本の発展に果たした役割について理解できるよう工夫して指導すること。
　② 「技術者の使命と責任」については，安全な製品の製作や構造物の設計・施工，法令遵守など，工業における技術者に求められる職業人としての倫理観や使命と責任について理解できるよう工夫して指導する。
　③ 「加工技術」や「生産の仕組み」については，相互に関連する実験や実習内容を取り上げるよう留意し，工業の各分野に関する要素を総合的に理解できるよう工夫して指導する。
2) 内容の範囲や程度については，次の事項に配慮するものとする。
　① 「人と技術」については，工業の各分野に関連する職業資格及び知的財産権についても扱う。「環境と技術」については，環境に配慮した工業技術について，身近な事例を通して，その意義や必要性を扱う。
　② 「加工技術」については，日常生活に関わる身近な製品の製作例を取り上げ，工業技術への興味・関心を高めさせるとともに，工具や器具を用いた加工及び機械や装置類を活用した加工を扱うこと。「形態を変化させる加工」については，塑性加工などを扱うこと。
　　「質を変化させる加工」については，化学変化など，材料の質を変化させる加工を扱う。
　③ 「生産の仕組み」の「生産工程」については，工業製品の製作を通して，生産に関する技術を扱う。「分析と測定技術」については，生産に関わる材料の分析及び測定技術を扱う。

(4) 工業技術基礎の年間指導計画展開例

　実教出版検定教科書『工業技術基礎』2017 年版を活用した，展開事例を紹介する。
1) すべての学科の 1 学年に，3 単位履修させる。
2) 1 学級を 3 班編制とし，3 名の教諭と実習助手で指導する。
　　学級定員 40 名では，およそ 1 班 13 ～ 14 名となる。
3) 年間学習指導時間　年間 35 週　3 単位　105 時間
　　1 学期 15 週 45 時間，2 学期 12 週 36 時間，3 学期 8 週 24 時間を想定。
4) 1 学期　4 月　導入指導の学習内容と指導時間
　　3 週 9 時間，1 クラス 40 名の一斉指導とする。
　　第 1 週目　①　工業技術基礎を学ぶに当たって　1 時間　講義
　　　　　　　②　人と技術と環境　2 時間　メディア活用の講義
　　第 2 週目　①　知的財産とアイデアの発想　3 時間　アイデア発想法の実習
　　第 3 週目　①　事故防止と安全作業の心がまえ　1 時間　講義
　　　　　　　②　各班の実習内容の説明　1 時間　過去の課題事例
　　　　　　　③　実験・実習報告書の作成　1 時間　講義・作成実習
5) 1 学期前半　5 月から導入編　3 時間の実習 5 週間　計 15 時間の課題
　　次の基本作業の 5 課題をローテーション学習する。
　　①　図面の表しかた，②　寸法のはかりかた，③　工具の扱いかた
　　④　材料の特質について，⑤　手仕上げの方法
6) 1 学期後半　基本作業編　7 週 21 時間の課題別実習
　　各系にこだわらず，2 項目以上を選択して実習する。
　　①　機械系項目
　　　a）　旋盤の扱いかた，b）　フライス盤の扱いかた，c）　溶接の方法
　　　d）　鋳造の方法
　　②　電気系項目
　　　a）　直流・交流回路の実験，b）　回路計・オシロスコープの取り扱いかた，c）　プリント配線について学ぼう，d）　論理回路の基礎について学ぼう，e）　コンピュータ制御を学ぼう，f）　センサについて学ぼう，g）　シーケンス制御について学ぼう

③ 工業化学系項目
  a) 化学実習の基本操作について学ぼう
④ 建築・土木系項目
  a) 橋梁のしくみについて学ぼう，b) 測量について学ぼう
  c) 住宅について考えよう
⑤ デザイン系項目
  a) デザイン・インテリアについて学ぼう

7) 2学期　計12週　36時間
製作編　〈次の4課題から1課題選択〉
① 小型万力をつくろう
　基本作業編の「フライス盤の扱いかた」を事前に学習する。
② ベンチをつくろう
　基本作業編の「工具の扱いかた」「材料について学ぼう」「手仕上げの方法」を事前に学習する。
③ 住宅を考えよう
  a) 住宅模型をつくろう　基本作業編の「住宅について考えよう」を事前に学習する。
  b) 屋内配線について学ぼう　基本作業編の「直流・交流回路の実験」「回路計・オシロスコープの取り扱いかた」を事前に学習する。
④ ライントレーサをつくろう
　作業に先立ち，基本作業編の「コンピュータ制御を学ぼう」「センサについて学ぼう」を事前学習する。

8) 3学期　8週　24時間
製作編　〈次の課題①～③から1課題選択〉
① LED照明で省エネルギーについて考えよう
　基本作業編の「手仕上げの方法」「プリント配線について学ぼう」を事前に学習する。
② 食用油を再利用しよう
　基本作業編の「化学実習の基本操作について学ぼう」を事前に学習する。

③ 環境測定をしてみよう

基本作業編の「化学実習の基本操作について学ぼう」を事前に学習する。

(5) **工業技術基礎の評価**

実習の作業過程で，観察・質問等で適時適切に3観点による観点別評価を行う。毎週，実習内容や課題についてレポートにまとめさせて提出させ，その内容と考察について評価する。

完成した作品のみでなく，製作過程の形成的評価を活用する。

生徒の自己評価や生徒同士による相互評価も参考とする。

これらを総括評価して5段階評定値とする。

なお，担当教員相互の評価に対する共通理解を図っておく必要がある。

❸ 課題研究の展開

(1) **目標**

工業の見方・考え方を働かせ，実践的・体験的な学習活動を行うことなどを通して，社会を支え産業の発展を担う職業人として必要な資質・能力を次の通り育成することを目指す。

1) 工業の各分野について体系的・系統的に理解するとともに，相互に関連付けられた技術を身に付けるようにする。
2) 工業に関する課題を発見し，工業に携わる者として独創的に解決策を探究し，科学的な根拠に基づき創造的に解決する力を養う。
3) 課題を解決する力の向上を目指して自ら学び，工業の発展や社会貢献に主体的かつ協働的に取り組む態度を養う。

(2) **内容**

目標に示す資質・能力を身に付けることができるよう，次の指導項目について指導する。

① 作品製作，製品開発，② 調査，研究，実験
③ 産業現場等における実習，④ 職業資格の取得

(3) **内容の取扱い**

内容を取り扱う際には，次の事項に配慮する。

1) 生徒の興味・関心，進路希望等に応じて，指導項目の①から④まで

の中から，個人又はグループで工業に関する適切な課題を設定し，主体的かつ協働的に取り組む学習活動を通して，専門的な知識，技術などの深化・総合化を図り，工業に関する課題の解決に取り組むことができるようにすること。

なお，課題については，上記①から④までの2項目以上にまたがるものを設定することができる。
2) 課題研究の成果について発表する機会を設けるようにすること。
3) 指導項目の職業資格の取得については，社会において必要な専門資格に関して調査，研究する学習活動の過程を重視し，資格取得にはこだわらないように配慮すること。
4) 3単位設定し，「総合的な探究の時間」と代替する時は，「総合的な探究の時間」の目的にも留意し，課題研究の「課題設定」に活かすようにする。

(4) **年間指導計画**
1) 課題設定の取組

3年生の課題研究発表会に，2年生のときに参加させ，先輩達の研究題材の発表内容や発表の仕方に関心を寄せさせ，4月から取り組む自分の課題研究の取組について参考にさせる。

また，2年時の発表見学後の3学期のホームルームの時間などにおいて，課題研究の学習目的等について，事前に学習する機会を持つようにし，3年時の当初に研究課題を必ず決定できるよう準備させる。
2) 課題研究のテーマ設定について
① 4月当初，研究テーマを決め，個人で取り組むか，グループで取り組むかの決定をする。過去のテーマを分類すると，作品製作，実験実習，調査研究，現場実習，資格取得などの課題項目が取り上げられている。
② 年間の研究計画を立案する

中間発表会及び研究成果発表会の日時を決定し，それに従い研究計画を立案し，教員の指導点検を受けさせる。

必要経費等も試算させる。また実習費等で購入できる消耗品等を申し出させる。

③ 過去の課題研究のテーマについて紹介する
　　a　作品製作題材例
　　　エコカーの製作，電気自動車の製作，ピッチングマシンの製作，鋳造作品の製作，ロボットの製作，建築模型の製作，建物の設計図の製作，橋梁模型の製作，プログラム開発　など
　　b　実験実習題材例
　　　交通管制装置の試作，搬送車の試作と制御，光センサー制御研究，ポケコン実習装置の開発，ラジオの受信・発信研究，リニアモーターカーの試作　など
　　c　調査研究題材例
　　　データベースの研究，現代建築物の調査・研究，食品添加物の研究，地域の公園の調査・研究，発酵現象の研究，地域の水質調査研究　など
　　d　現場実習
　　　機械工場実習，土木現場実習，建築現場実習　など
　　e　資格取得
　　　電気工事士，公害防止管理者，情報処理管理者，自動車整備士，情報処理技術者，電気主任技術者　など

(5)　研究成果発表会の実施
　発表会は，在校生，保護者，地域の企業関係者，地域住民等の参加を得て実施する。事前の発表練習も充実させる。1人発表10分程度，共同研究は15分程度とする。パソコン，プロジェクタと資料を用意し，研究成果の要点がまとまった発表となるように準備する。

(6)　報告書の提出と評価
　提出された報告書を基本としながら，1年間の研究過程での3観点評価や生徒自身の個人内評価はもちろん，共同研究では各自の役割分担などにも配慮し，総合的な視点で最終的に5段階評定値とする。
　担当教員は，数名で担当するので，最終評定には，担当教員間で評定値に開きが出ないように，共通認識のもとに評定値を確定する。

❹ 各学科の「実習」

「実習」は，工業科のすべての学科で最も重要視されている科目で，工業の見方・考え方を働かせて，実践的・体験的な学習活動を通して職業人としての資質や能力の育成を目指している。

「実習」[practical training] の目標は，次の通り学習指導要領に示されている。

「工業の見方・考え方を働かせ，実践的・体験的な学習活動を行うことなどを通して，工業の発展を担う職業人として必要な資質・能力を次のとおり育成することを目指す。

1) 工業の各分野に関する技術を実際の作業に即して総合的に理解するとともに，関連する技術を身に付けるようにする。
2) 工業の各分野の技術に関する課題を発見し，工業に携わる者として科学的な根拠に基づき工業技術の進展に対応し解決する力を養う。
3) 工業の各分野に関する技術の向上を目指して自ら学び，工業の発展に主体的かつ協働的に取り組む態度を養う。」

内容としては，上記の資質・能力を身に付けることができるよう，次の項目を指導するとしている。

(a) 要素実習，(b) 総合実習，(c) 先端的技術に対応した実習

各学校の各学科とも，学習指導要領に即し，工夫した実習課題を設定し実践するとしている。

なお，他の専門科目である 56 科目の内容とその展開手法については，学習指導要領解説の「工業編」を参照されたい。

❺ 工業の専門学科と科目の変遷

第二次大戦後の学習指導要領の改訂に伴う推移を次にまとめた。

(1) 1947 年（昭和 22 年）の試案（同年実施）

1 週間の授業時数は，1 校時 60 分（次の授業への移動時間・休み時間を含む）で，30 単位時間から 34 単位時間の授業を行うとされていた。なお，1 年間の授業期間は，35 週を基準としていた。

当時の必修教科と考えられていた事例は，国語 9 単位，社会 10 単位，体育 9 単位，数学 5 単位，理科 5 単位，計 38 単位であった。

表 4-2-1　1947 年の高等学校職業準備課程の教育課程例

科目名	実業	国語	一般社会	体育	数学	音楽	理科	社会	工作	図画	漢文	合計
総単位数	25	9	5	9	10	2	5	10	4	4	2	85
1学年	8	3	5	3	5	2	－	－	－	2	－	28
2学年	8	3	－	3	－	－	5	5	2	2	－	28
3学年	9	3	－	3	5	－	－	5	2	－	2	29

国立教育政策研究所　学習指導要領データベース資料より作成

　職業準備課程では，1学年では実業8単位，国語3単位，一般社会5単位，体育3単位，数学（実業に関係ある内容）5単位，音楽2単位，図画2単位，合計28単位。2学年では，音楽に代わり工作2単位，数学に代わり理科5単位となり，計28単位であった。3学年では，実業は1単位増えて9単位，理科に代わり数学5単位，漢文と工作が各2単位計29単位としていた。

　卒業単位は，85単位とし，各学年25単位以上で進級できるとしていた。実施は1948年度（昭和23年度）からであった。

(2) **1951年（昭和26年）の試案，同年実施**

　高等学校学習指導要領工業編（試案）が示され，目標には工業製品の製造に関わる中堅技術者の育成の観点から，工業製品の製造に関する技能・知識の習得が求められていた。

　現在の学科にあたる名称としては，「機械工作課程」「自動車課程」「電力課程」「電気通信課程」「建築課程」「土木課程」「木材工芸課程」「金属工芸課程」「化学分析課程」「染色課程」「紡織課程」「造船課程」「窯業課程」「採鉱課程」の14課程が設置され，設置科目数は69科目が設けられていた。

　授業は，週当たり30～38単位時間（1単位時間は50分とする）とし，最低は週当たり30単位時間であるが，できれば週当たり33単位時間以上とすることが望ましいとしていた。

　普通教科の最低単位数は，普通課程，職業課程の別を問わず，38単位の履修が義務付けられていた。

　工業の必修科目の単位数は30～35単位とし，選択科目を7単位程度

として例示されていた。必修の単位数を30単位とした場合に，各学年への配分の例として，機械工作課程の場合，第1学年に8単位，第2学年に10単位，第3学年に12単位とした理由は，低学年では普通科目を多くし，「高学年では工業科目を多くしたほうがよい」と考えられたからであるとしていた。

(3) 1955年（昭和30年）改訂，1956年度実施

改訂の特質は，全日制の普通課程においても，次の教科「芸術科」「家庭科」「農業科」「工業科」「商業科」「水産科」のうちから6単位以上を，すべての生徒に履修させるとしていた。ただし，「芸術科」については，すべての生徒に2単位の履修が望ましいとした。

また，女子については，「家庭科」の4単位を履修させることが望ましいとした。なお，全日制の普通課程の生徒に「農業科」「工業科」「商業科」または「水産科」を履修させようとする趣旨は，特定の職業準備教育を目指すものでなく，一般教養としての意味を持つものであるとしていた。

高等学校学習指導要領の工業編の目標は次の通りであった。

① それぞれの工業分野における基礎的な技能を習得させる。
② それぞれの工業分野における基礎的な知識を習得させ，工業技術の科学的根拠を理解させる。
③ それぞれの工業分野における運営や管理に必要な知識・技能を習得させる。
④ くふう創造の能力を伸ばし，工業技術の改善進歩に寄与する能力を養う。
⑤ 工業の性格や工業の経済的構造およびその社会的意義を理解させ，共同して責任ある行動をする態度と，勤労に対する正しい信念をつちかい，工業人としての自覚を得させる。

(4) 1960年（昭和35年）改訂，1963度年実施

この改訂では，試案が消えて，学習指導要領が法的拘束力を持ち，教育課程は学習指導要領に従って編成することとなった。

目標は3項目にまとめられ，全国で工業高等学校の社会的使命が高まった時代で，卒業生は中堅技術者として戦後の高度経済成長を支えた。

① 工業の各分野における中堅の技術者に必要な知識と技術を習得させる。
② 工業技術の科学的根拠を理解させ，その改善進歩を図ろうとする能力を養う。
③ 工業技術の性格や工業の経済的構造およびその社会的意義を理解させ，共同して責任ある行動をする態度と勤労に対する正しい信念をつちかい，工業人としての自覚を養う。

学科の新設増設に伴い設置科目は，156 科目が設定された。

(5) 1970 年（昭和 45 年）告示，1973 年度実施

この改訂では，改訂前の目標の 3 項目の内容において，「経済的構造」が「経済的意義」に，「工業人としての自覚」が「工業の発展を図る態度」に変えられた。専門教育に関する各教科・科目については，すべての生徒に履修させる単位数は，35 単位を下らないこととした。

工業の設置科目は，164 科目と今までで最も多くなった。

(6) 1978 年（昭和 53 年）告示，1982 年度実施

この改訂では，標準学科として次の「機械科」「電気科」「電子科」「情報技術科」「建築科」「設備工業科」「土木科」「化学工業科」「金属工業科」「窯業科」「繊維科」「インテリア科」「デザイン科」の 13 学科が示された。

専門科目数は，改訂前の 164 科目から大規模に整理統合され，64 科目になった。

新規科目としては，各学科に共通に履修させる基礎的な科目として，新規に「工業基礎」と「工業数理」が設けられたことが特質としてあげられる。（他の科目名は省略。国立教育政策研究所　学習指導要領データベース参照）

(7) 1989 年（平成元年）告示，1994 年度実施

この改訂では，標準学科としては，「窯業科」は「セラミック科」，「金属工業科」は「材料技術科」に名称変史し，新規に「電子機械科」「自動車科」の 2 学科が加わり，15 学科が示された。

設置されている科目数は，改訂前より 10 科目増えて 74 科目が設けられた。この改訂での特質は，従来からの共通履修科目「工業基礎」「実習」「製図」「工業数理」の 4 科目に加え新規に「情報技術基礎」と「課題研

究」が加わり，6科目となった。
(8) 1999年（平成11年）3月の告示，2003年度実施

　この改訂では，標準学科の記載はなくなり，学科名は各都道府県の設置者の裁量に委ねることになった。科目数は，74科目から60科目に整理統合された。「工業基礎」は，「工業技術基礎」となり，共通履修科目は「工業技術基礎」と「課題研究」の2科目となった。

　科目数の減少は，「造船工学」「工業計測技術」「地質工学」など，全国的に学習生徒数が少ない科目が除かれた。ただしこれらの科目の設置が必要な学校は，「学校設定科目」として設けることができるとした。

　そこで各学校は，地域の特質，学校及び生徒の実態，学科の特色に応じて，特色ある教育課程の編成ができるように，学校設定科目の設置が校長の権限で可能となった。

　学校設定科目を設置する場合は，その名称，内容，単位数等については，学科の目標に基づき，関係する科目との整合性を図る必要がある。学校設定科目の例としては，「就業体験」や「資格取得」などの例がある。

(9) 2009年（平成21年）3月告示，2013年度実施

　この改訂では，新設科目として「環境工学基礎」が加わり，61科目になった。「マルチメディア応用」が「コンピュータシステム技術」に名称変更した以外，科目名の変更はなかった。

(10) 2018年（平成30年）3月告示，2022年度実施

　この改訂では，前述したように「工業数理基礎」と「情報技術基礎」が統合され「工業情報数理」に，「電子機械応用」「生産システム技術」は「生産技術」に，「電子情報技術」は「ハードウェア技術」に統合された。また「電気基礎」は「電気回路」になった。

　新規科目として「船舶工学」が加わった。61科目が59科目になった。

❻ 工業高等学校における学習指導と観点別評価

(1) 学習指導計画の作成

　学習指導計画にあたっては，単元など内容や時間のまとまりを見通して，その中で育む資質・能力の育成に向けて，生徒の主体的・対話的で深い学びの実現を図るように努める。

その際，工業の見方・考え方を働かせ，見通しをもって実験・実習などを行い，科学的な根拠に基づき創造的に探究するなどの実践的・体験的な学習活動の充実が図れるように努める必要がある。

(2) 専門科目の指導とその形態

一般的に，専門科目の指導は，普通教科・科目の指導と同じく，一斉指導で行われている。クラス定員は普通40人であるが，都道府県により35人定員のところもある。

また，普通教科では，習熟度別にクラス分けして指導している事例もあるが，専門科目では選択科目も多く，実質少人数で指導する場合もある。

「製図」の授業は，導入部の指導は一斉指導するが，製図課題の授業では，一人ひとりに製図台と製図機器が与えられ，個別学習する形態が一般的である。

一斉学習でも，導入時は一斉指導をし，途中で班別学習や個別学習の形態で指導し，また最後に一斉指導でまとめをするという授業形態も，学習課題により活用されている。

(3) 実習授業の形態と学習指導法

工業高等学校の特徴的な授業形態は，実習であり，1クラス40人の3班編制では，実習内容の異なる3つの学習内容を年間3ローテーションで各班ごとに実習課題に取り組む学習形態が一般的である。各班とも十数人の少人数で，指導者は教諭と実習助手の2人での指導であり，きめ細かく実技の学習指導ができ，各生徒は学習意欲も高まり，知識や技能の定着もよく，学習成果が上がっている。

一般的な実習の授業では，2〜4校時間の連続授業であり，入学当初の1年生にとっては，体を動かしながらの実習作業でも，緊張もあり集中力が維持できない生徒も出てくる。そこで，安全作業の観点からも，作業の区切りを活用して，適時に休憩時間を各班ごとにとることが求められる。

また，毎回実習作業の始めには，実習室に生徒全員を整列させ，その日の作業内容の確認や危険な作業場面などについて，教員から事前によく説明し，理解させた上で実習作業に入ることが大切である。

作業中に疑問などが出てきたときは，あやふやな記憶で絶対に作業することがないよう，疑問が出たら必ず教員に質問させ，安全に作業できるように事前に指導を徹底しておくことが大切である。
　作業中でも，常に安全を配慮させ，気付いた作業上のポイントなどをメモする習慣を身に付けさせることも大切である。
　3年生になると実習や実験も高度で専門的となり，きめ細かい指導の徹底を図る観点から，4班編制で実習課題に取り組む学校が多い。
　しかし，3年時には，実習に代えて，課題研究の学習時間に振り向け，個人研究や小グループで主体的な課題解決型の製作課題などに取り組む事例や，研究テーマを選定して論文としてまとめたりする事例も多い。
　その研究成果の発表会は，在校生をはじめ保護者や地域の人々にも公開されている。また，この実習や課題研究の時間を，校外の企業実習などに活用する事例もある。

(4) **教育メディアの活用**

　工業高等学校には，パソコンをはじめプロジェクタなどの学習指導の改善充実に活用できる教育機器は整備されている。それらの機器を有効活用して，教室での一斉指導はもちろん実習室での導入指導などにも教育機器を利活用して，わかりやすい授業づくりを推進する必要がある。
　最近注目されている**大型提示装置**（**電子黒板**）等の活用状況の調査結果を次に紹介する。ICT［Information and Communication Technology］機器の活用について，前述した全国工業高等学校長協会の，工業の専門科目の座学指導に関するICT機器活用実態調査の結果である。
① よく活用している　28.4%，② 少し活用している　55.6%
③ あまり活用していない　13.9%，④ まったく活用していない　2.1%
活用しているICT機器についてでは，
① プロジェクタ　43%，② 実物投影機　15.8%，③ デジタルカメラ（ビデオ）　14.9%，④ タブレット　15.1%，⑤ 電子黒板　7.4%
　自作教材による，パソコンと組み合わせたプロジェクタの活用は進んでいるが，小・中学校に比べ電子黒板（大型提示装置）は，市販教材も少なく活用は進んでいない。
　今後とも，専門科目の座学指導に活用できるソフト開発に期待したい。

実験・実習の導入指導や作業法等のビデオ教材は市販されているので，計画的に導入して活用するとよい。

　デジタルビデオカメラを利用して，実習作業での危険な作業場面や難しい作業場面等を記録して，実習に先立って視聴させるなどの工夫も必要である。なお，一斉指導で視聴覚室等でビデオ教材を視聴させる場合，事前に教員自ら視聴して，重要な要点を個々の生徒にメモさせるためのプリントを作成，配布し，視聴時に記入させ，評価の対象とするなどの工夫が必要である。つまり事前準備なしにビデオ教材等を視聴させても，生徒は日常の家庭でのテレビ視聴同様の感覚で対応するので，要点が残らず，かつ寝る生徒も出てくる心配もある。

(5) **学習評価**

1) 評価と評定

　学習指導の指導計画や課題を明らかにするためには，指導内容等の適切な区切りなどで，個々の生徒の理解度や定着の度合いを調べるために，授業の形態や内容により適切な方法で評価し，その結果を授業改善の資料とする必要がある。

　つまり，学習指導と学習評価［evaluation of learning］のP（Plan）-D（Do）-C（Check）-A（Action）サイクルによる指導と評価の一体化が求められている。そこで，学習評価を通して，学習指導の在り方を見直すことや個に応じた指導の充実を図ったり，学習評価を教員相互に共有して，学校における教育活動を組織として改善することが重要である。

　具体的には，学習評価は，一般的には中間試験や定期試験のほかに，単元の学習の区切りなどで，ペーパーテストやレポートの提出等により，総合的に評価し，学期末や年度末には，5段階評定を行い，単位修得とともに5段階評定値として成績処理を行う。各学年末には指導要録にその学習成果を記載し，保存する。

　評価結果の良し悪しは，生徒自身の学習成果をみるだけでなく，指導者としての教員自身の評価情報でもあり，毎年の授業設計や指導法の改善に活かす必要がある。

(6) 観点別評価 [perspective evaluation]

評価法は，過去長い間，学年や学級集団の中での相対的な位置関係によって，個人の学力を位置付ける相対評価 [relative evaluation] と到達目標に準拠した絶対評価 [absolute evaluation] が使われてきた。

過去には小・中学校では相対評価が，高等学校では絶対評価が使われてきた。この評価方法は，主にペーパーテストにより，知識や技能の習得量をもとに評価してきた。

2000年に教育課程審議会から出された「評価の在り方」の答申では，記憶中心の「学力」だけの評価でなく，4観点別の「関心・意欲・態度」「思考・判断・表現」「技能」「知識・理解」など，多面的に資質や能力を捉える観点別評価法が学習指導要領改訂に伴って導入された。

つまり，学力を知識の量のみで捉えるのではなく，学習指導要領に示された基礎的・基本的な内容を確実に身に付けることはもとより，自ら学び自ら考える力などの「生きる力」が育まれているかによって捉えることが求められてきた。

2017年の小・中学校，2018年の高等学校の学習指導要領の改訂では，4観点別評価法から「知識・技能」「思考力・判断力・表現力等」「学びに向かう力，人間性等」の3観点別評価法に再整理された。

つまり，学習指導要領に示されている基礎的・基本的な内容を確実に身に付けさせることはもとより，自ら学び自ら考えるなどの「生きる力」が育まれたかによって捉え，学力の質の向上をねらいとしている。

表4-2-2に，3観点別評価の観点例を示した。

表4-2-2　各教科等の評価の3観点例

観点の主旨の設定	知識・技能	思考力・判断力・表現力等	学びに向かう力，人間性等
具体的な記述については，各教科等の特質を踏まえて設定する。	～を理解している。～の知識を身に付けている。～することができる。～の技能を身に付けている。	各教科等の特質に応じ育まれる見方や考え方を用いて，探求することを通じて考えたり判断したり表現したりしている。	自ら学び，主体的に知識・技能を身に付けたり，思考・判断・表現など，各人のよい点や進歩の状況を見取る。

(7) 多面的な評価の充実

　高等学校においては，生徒一人ひとりの進路に応じた多様な可能性を伸ばしていくという視点から，多様な活動の機会を通じて，それぞれの生徒に成長のきっかけを与えるとともに，多様な学習活動における学習の成果を的確に見取り，生徒一人ひとりに対応した指導の改善につなげていく取組が重要となる。

　そこで，「課題研究」や「総合的な探究の時間」など，探究の過程を重視した学習では，その学びの過程を含めた評価を行うなど，多様な学習活動に対応した評価の在り方等を開発・普及していくことが必要である。さらに，評定や観点別学習状況の評価といった目標に準拠した評価だけではなく，生徒一人ひとりのよい点や可能性に着目する個人内評価についても併せて充実を図る必要がある。

❼ 職業資格取得と学修の単位認定

　工業高等学校の教育は，単なる資格取得を目的とする機関ではないが，資格試験に合格することは，専門技術を身に付けた証になる。

　職業資格［vocational qualification］を取得した場合，「学校外における学修の単位」として認めることができる。

　学校外における学修の単位認定は，学校教育法施行規則第98条に定められており，高等学校の生徒の能力・適性，興味・関心等の多様化の実態を踏まえ，生徒の在学する高等学校での学習の成果に加えて，在学する高等学校以外の場における体験的な活動などの成果をより幅広く評価できるようにしている。

　この制度は，高等学校教育の一層の充実を図ることを目的として，学校長の判断によって，高等学校の単位として認定することが可能となっている。

　その経過をみると，1993年度（平成5年度）から，他の高等学校（または自校の他の課程）・専修学校（専門学校を除く）における学修の成果や技能審査の成果について，単位認定が可能となった。また，1998年度（平成10年度）から，大学・高等専門学校・専門学校・社会教育施設などにおける学修の成果，ボランティア活動・就業体験（インター

ンシップ)・スポーツまたは文化に関する分野における活動に係る学修の成果についても，単位認定が可能となった。

続いて，2005年度（平成17年度）からは，学修により認定できる単位数の上限が，20単位から36単位に拡大された。

ただし学習指導要領に定められた，すべての生徒に履修させる教科・科目は当該学校において履修させることとし，学校外における学修をもって，これに代えることはできない。学校外における学修の成果は，単位認定のみで成績評価はなされない。

この一例として，2016年度に東京都立工業高等学校の学修の単位認定された事例を示す。
第1種電気工事士　3単位，第2種電気工事士　2単位，通信工事担任者AI・DD 3種　2単位，工事担任者DD 3種　2単位，2級電気施工技術者検定　2単位，リスニング英語検定2級　2単位，危険物取扱者乙種4類　1単位，ガス溶接技能講習修了証　1単位

それぞれの単位は，関連科目の増単位や学校設定科目の「知識及び技能審査」として単位認定している。また，大学での学修としては，関連科目の増単位として1単位認められている事例もある。

❽ 学校設定教科・科目の設定

2003年告示の高等学校学習指導要領において，生徒や学校，地域の実態及び学科の特色等に応じ，特色ある教育課程の編成に資するよう，学習指導要領に掲げる教科・科目以外の科目である「**学校設定教科・科目**」を学校長の権限で設けることができると規定された。

この場合，各学校においては，生徒や学校，地域の実態及び学科の特色等に応じ，特色ある教育課程の編成ができるように，学校設定科目の名称，目標，内容，単位数などについては，その科目の属する教科の目標に基づき，高等学校教育としての水準の確保に十分配慮しながら，各学校で定めてよいとされている。

一般企業での就業体験 [working experience] を通じて，勤労の尊さ，労働することの喜びを体得させ，望ましい勤労観・職業観を育成するために「企業体験」が学校設定科目として単位認定されている事例を紹介

する。

　全国工業高等学校長協会の 2017 年度の調べによると,「インターンシップ」として「実施している学校」は 576 校中 512 校の 91% で, 実施時期は長期休業中が 40% を占め, 単位認定している学校は 93 校 18% と少なかった。

　なかでも, 本格的な企業連携であるデュアルシステム［dual system］を「実施している学校」は, 54 校と約 10% であり, 実施期間は 1〜2 カ月が 42%, 実施方法は「科目に割り当てて毎週実施」53%, その「実施学年」は 3 学年が 6 割を占めていた。

　実施校の「単位認定」については,「する」が 29 校 43.9%,「しない」が 37 校 56.1% であった。

　インターンシップを実施していない学校の理由は,「時間割上編成できない」が 256 校 53.3%,「受け入れ企業が少ないから」が 109 校 22.7%,「その他」が 115 校 24% であった。

　東京都立六郷工科高等学校の「デュアルシステム科」の例では, 地元企業での体験学習としては, 1 学年時は 5 日間のインターンシップ（2 単位）, 2 学年時は前期と後期各 1 カ月間の長期就業訓練 8 単位, 3 学年時も 2 学年時と同様 8 単位の企業体験学習が設けられ, 工業技術者としての資質を身に付けた生徒たちは地元企業に就職できている。

　学習指導要領では, あらかじめ計画し評価できる就業体験活動は, 実習の単位として認められるとしている。

　就業体験の実施にあたっては, 生徒及び保護者に制度の趣旨や内容, 学校の方針や単位認定の基準などについてよく説明し, 理解を得ておく必要がある。さらに, 学校は, 就業体験先と必要な手続き書類を作成し, オリエンテーションの実施や終了後のレポートの提出など, 事前・事後の適切な指導や対応を十分行うことが求められる。

第 3 節　工業高等学校の施設・設備の運営と管理

　国は学校教育法などの法律以外に, 各学校の教育水準の維持が図られるように, 学校の施設・設備［facilities and equipment］に基準を設け

ている。

　具体的には，文部科学省が「高等学校設置基準」[requirement for establishment of high school] という省令で，高等学校の編制及び整備について規定している。例えば，「学科」については，「普通教育を主とする学科は，普通科とする」とし，専門教育を主とする学科としては「専門学科」がある。**職業に関する専門学科**は，「農業・工業・商業・水産・家庭・看護・情報・福祉」であるが，他に普通科に関係する「理数・体育・音楽・美術・外国語・国際関係に関する学科・その他専門教育を施す学科」が定められている。さらに，普通教育及び専門教育を選択履修させ，総合的に学習させる学科として，「総合学科」が設けられている。

　なお，**工業に関する学科**としては，1989年（平成元年）学習指導要領解説の工業編では，「機械科，電子機械科，自動車科，電気科，電子科，情報技術科，建築科，設備工業科，土木科，化学工業科，材料技術科，セラミック科，繊維科，インテリア科，デザイン科」が例示されていた。

　その後，改訂では例は示されなくなり，各都道府県の教育委員会が，地域の実情に応じて，多様な名称の学科が設置できるようになっている。

　学級編制 [class formation] については，「同時に授業を受ける1学級の生徒数は，40人以下とする。」とし，地域や学校の実態に応じて，弾力的な運用ができるようになった。東京都では，35人学級編制を認めている。

　施設・設備については，「指導上，保健衛生上，安全上及び管理上適切なものでなければならない」と規定し，地震や火災等からの安全の確保が図られている。また，校地，運動場，校舎その他の教室・図書室・体育館・保健室等の面積に関する基準も規定され，教育上支障のないように配慮されている。

　さらに，学習用，体育用及び保健衛生用の図書，機械，器具，標本，模型，その他の校具等も備えなければならない。また，学校の規模に応じて，防火及び消火に必要な設備を備え，夜間授業を行う高等学校には，生徒数に応じて，給食施設を備えなければならない。

　国は1951年（昭和26年）に産業教育がわが国の産業発展及び国民生活の向上の基礎であることにかんがみ，教育基本法の精神にのっとり，

産業教育を通して，勤労に対する正しい信念を確立し，産業技術を習得させるとともに工夫・創造の能力を養い，もって経済自立に貢献する有意な国民を育成するため，産業教育の振興を図ることを目的として「産業教育振興法」[Industrial Education Promotion Law] を公布した。

この法律で示された「**産業教育**」[industrial education] とは，中学校，高等学校，大学，高等専門学校が生徒または学生等に対して，農業，工業，商業，水産業，その他の産業に従事するために必要な知識，技能及び態度を習得させる目的をもって行う教育（家庭科教育を含む）である。

この産業教育振興法は，わが国の高度経済成長を支える人材の育成に多大な貢献を果たしてきた。例えば，この法律に基づき，工業高等学校の専門教科を担当する教員には，給与の10%の手当が支給されてきたが，現在は8%に減額されたり，各都道府県により対応が異なっている。

❶ 工業高等学校の施設・設備

工業高等学校では，普通科高等学校と共通する施設・設備以外に，工業高等学校として独自の施設・設備が必要であり，その充実の度合いにより，工業技術教育の質が左右される。そこで，国は公的基準である産業教育振興法を定め，かつ地方自治体の財政状況によって施設・設備が異なり，地域により教育水準の低下をきたさないようにするため，主要なものについては国庫負担（補助）の制度を設けた。

国庫負担の対象となる施設・設備は，産業教育振興法施行令の別表「高等学校における産業教育のための実験実習の施設及び設備の基準」に掲げる30の科目群である（表4-3-1　科目群参照）。

また，実験実習施設を整備する際に必要となる専用の廊下，階段，便所などのいわゆる付帯施設は原則として国庫負担の対象となる。

工業高等学校には学科の専門性及び特殊性により多種多様な設備を有しており，生徒の進路，適性，興味・関心を高める施設・設備の充実が一層望まれる。

わが国の産業構造，就業構造の変化や高等学校教育の著しい普及に伴う生徒の能力・適性等の多様な実態などに応じて，文部科学省はおよそ10年サイクルで学習指導要領を改訂してきた。

表4-3-1　産業教育振興法施行令に示された各科目群
　　　　 2013年（平成25年）施行

項	科目群	項	科目群
1	情報基礎に関する科目群	16	化学工業に関する科目群
2	情報応用に関する科目群	17	材料技術に関する科目群
3	生物生産に関する科目群	18	セラミックに関する科目群
4	林業に関する科目群	19	繊維に関する科目群
5	食品科学に関する科目群	20	インテリアに関する科目群
6	工業基礎に関する科目群	21	デザインに関する科目群
7	電子基礎に関する科目群	22	流通・経営に関する科目群
8	機械に関する科目群	23	国際経済に関する科目群
9	自動車に関する科目群	24	水産・海洋基礎に関する科目群
10	船舶に関する科目群	25	海洋漁業に関する科目群
11	電気に関する科目群	26	栽培漁業に関する科目群
12	電子応用に関する科目群	27	被服に関する科目群
13	建築に関する科目群	28	食物・調理に関する科目群
14	設備工業に関する科目群	29	保育・福祉に関する科目群
15	土木・造園に関する科目群	30	看護に関する科目群

文部科学省　産振基準資料より作成

　学習指導要領の改訂により，教育課程が変わることに伴い産振設備基準も見直され，施設・設備の改善充実が図られている。

　このように，生徒の学習環境を整えることは，生徒の学習意欲や知識と技術力を高めることに大きく寄与する。したがって，工業技術教育では，応用性のある知識と技術を確実に身に付けさせ，将来主体的に活用することのできる能力を育てる上で，実験・実習等の実際的，体験的学習を強化できる施設・設備の充実が必要になっている。

　以下に，高等学校設置基準に示されている，主な工業系の学科の実習施設名を示す。

1) 機械科

　機械設計製図実習室，機械加工実習室，仕上組立実習室，鋳造実習室，塑性加工実習室，溶接実習室，原動機実習室，電子機械基礎実習室，電気機械応用実習室，計測実習室，自動生産実習室　など

2) 電気科

　電気機器実習室，電気計測実習室，工作・工事実習室，電気磁気実習

室，電力応用実習室，自動制御実習室，電子技術実習室，電気製図実習室　など
3)　建築科
　木造実習室，施工実習室，材料試験実習室，造形実習室，設計製図実習室，計画設備実習室　など
4)　自動車科
　自動車工作実習室，自動車整備実習室，自動車運転性能実習室，自動車計測制御実習室，車体実習室，自動車電気電子実習室　など
5)　化学工業科
　化学工業基礎実習室，無機化学反応実習室，有機化学反応実習室，工業計測実習室，プラント実習室，環境化学実習室，材料化学実習室，バイオ化学実習室，食品工学実習室，放射化学実習室，化学計測実習室，天秤室，薬品器材室　など
6)　インテリア科
　製図実習室，造形実習室，デザイン実習室，計画実習室，機械加工実習室，組立実習室，材料試験実習室，接着成形実習室，エレメント実習室　など。　　以下省略
　現在は，各都道府県に配布される産審関係の予算は，地方交付税の中に含んで一括配布されているので，国の配布予算が別の用途に活用され，産審設備の購入に結び付かない事例も考えられるので，関係する各位の配慮が求められている。

❷ 実習の施設・設備

　工業高等学校においては，生徒が長時間にわたって実験・実習する場所が必要であることから，その施設・設備は清潔で安全な学習環境が保たれ，かつ実験・実習の作業に最適な機能を有している必要がある。
　企業の施設をみると，綺麗な環境で安全面や働きやすい環境が整えられている。しかし，学校の施設は，油くさい環境や汚れの目立つところが多い。学校の実習施設でも，植木や花を配置できるような空間づくりをして，明るく清潔な学習環境［learning environment］づくりに心掛ける必要がある。

表4-3-2 産振設備基準（工業系の施設対応設備のみ抜粋） 2013年度施行

項	科目群	施　設	設　備
1	情報基礎に関する科目群	情報基礎総合実習室	データ処理用機器，制御用機器，空気調和設備及び視聴覚教育用機器
2	情報応用に関する科目群	情報応用総合実習室	データ処理用機器，計量・計測用機器，工作用機器，電源用機器，通信用機器，電子機器，発振器，空気調和設備，視聴覚教育用機器及び机・戸棚類
6	工業基礎に関する科目群	工業基礎総合実習室	データ処理用機器，計量・計測用機器，光学機器，工作用機器，製図用機器，電源用機器，試験用機器，電気機器，視聴覚教育用機器及び机・戸棚類
7	電子基礎に関する科目群	電子基礎総合実習室	データ処理用機器，計量・計測用機器，製図用機器，電源用機器，制御用機器，電子機器，電気機器，電磁機器，流体実験用機器，空気調和設備，視聴覚教育用機器及び机・戸棚類
8	機械に関する科目群	機械総合実習室	データ処理用機器，計量・計測用機器，光学機器，工作用機器，製図用機器，試験用機器，車両，原動機，整備用機器，搬送用機器，発振器，溶接用機器，鋳造用機器，塗装用機器，加熱用設備，溶解設備，電子機械実習用機器，排気装置，空気調和設備，視聴覚教育用機器及び机・戸棚類
9	自動車に関する科目群	自動車総合実習室	計量・計測用機器，光学機器，工作用機器，電源用機器，試験用機器，制御用機器，車両，原動機，整備用機器，搬送用機器，溶接用機器，給油設備，視聴覚教育用機器及び机・戸棚類
11	電気に関する科目群	電気総合実習室	データ処理用機器，工作用機器，製図用機器，電源用機器，制御用機器，通信用機器，発振器，電気機器，電気実験用機器，電気工事用機器，電気計測用機器，電気磁気実習用機器，高圧試験用機器，電子回路実習用機器，空気調和設備，視聴覚教育用機器及び机・戸棚類

文部科学省　産振基準資料より作成

　これにより，生徒一人ひとりが互いに良好な学習環境の保持に心掛けるようになり，自発的にかつ安全に実験・実習を進めていくなど，波及的な効果も期待できる。

　教育委員会［board of education］は，各学校の施設・設備等の教育財産の管理を校長に委ねており，各教員は校長の指導のもとに，その財産の保全に努めなければならない。学校における施設・設備の保全行為

表 4 - 3 - 3 　産振設備基準例（工業系機械科の設備備品名）産業教育振興法施行規則　2013 年度施行

項	科目群	設備名	品　名	量	例示品名
8	機械に関する科目群	データ処理機器	コンピュータ	33	
		計量・計測用機器	電気測定機	81	アナライザ，オシロスコープ
			電気計器	8	回転角度計，照度計
			計測機器・計量機器	13	表面あらさ測定器，ひずみ計
		光学機器	顕微鏡	1	
			顕微鏡装置	1	
		工作用機器	板金加工機	6	折り曲げ機，シヤー
			工作機	68	レーザ加工機，マシニングセンタ
			ロボット	3	
		製図用機器	自動製図装置	1	
			製図機器	5	XY プロッタ
			印刷用機器	1	複写機
		試験用機器	内燃機関性能試験機	7	引火点試験器，フロントアライメント
			流体機械実験装置	1	エンジンアナライザ
			材料試験機	3	衝撃試験機，非破壊試験機
		車両	自動車	1	
		原動機	内燃機関	5	充電器，洗浄機
		整備用機器	整備機器	6	クレーン
		搬送用機器	搬送機器	2	
		発振器	発振器	4	任意波形発生器
		溶接用機器	溶接機	6	溶接集合装置
		鋳造用機器	鋳造機・木型	7	砂処理機，造型機
			空気圧縮機	2	
		塗装用機器	塗装機器	3	塗装装置
		加熱用設備	加熱炉	1	
		溶解設備	溶解炉	1	
		電子機械実習用装置	アクチュエータ実習装置	24	
			開発支援装置	23	アナライザ，メモリ開発装置
			レーザ実習装置	4	
			光通信実習装置	4	ロボット制御実習装置
			インターフェース実習装置	4	
			制御実習装置，回路実習装置	109	機構制御実習装置，シーケンス制御実習装置，ロボット制御実習装置
			自動生産実習装置	1	
			ネットワーク実習装置	8	コンピュータ実習装置
			プログラミング実習装置	16	加工機，NC プログラムシミュレータ
		排気装置	排気装置	2	
		空気調和設備	空気調和設備	2	
		視聴覚教育用機器	教材提示装置	4	
9	自動車に関する科目群	計量・計測用機器	テスタ	13	バッテリテスタ，回転速度計，高性能エンジンアナライザ
		以下省略			

等の管理については，各教員がその亡失や損害を防ぎ，常に最上の状態で施設・設備を保全することが重要であり，学習指導にあたって生徒の安全が確保できるように事前点検など日常的な保全管理に努める必要がある。

❸ 事故予防と安全管理

もし，学校の施設・設備に不備な点があることが原因で死傷者が出た場合には，損害賠償の責任が設置者だけでなく，校長や担当教員に負わされる場合がある。

施設・設備の主たる利用者は生徒であり，生徒の安全を保証することは学校の大きな責務である。したがって，学校の物理的な施設・設備の放置，あるいは使用中の事故が発生しないように，その危険防止には万全の注意を払うことが大切である。

① 安全指導の計画と指導の徹底を教育課程に位置付ける
② 事故発生時に即応できる体制の整備を図る
③ 日常的な点検・整備の徹底に心掛ける
④ 保護者向けの安全教育も行い，家庭の協力を得る

このように，安全管理［safety management］は学校全体で組織的に取り組み，人為的なミスや物理的欠陥を招かないようにすることが大切である。

(1) **事故防止［accident prevention］と安全作業［safety work］**

工業高等学校では，実験・実習を中心に学習が展開されるので，事故の防止に努めながら安全に作業することが，最も重要である。

このことは，工場現場においても同様であり，各工場では，「安全第一」の標語をかかげ，生産能率［production efficiency］よりも安全を優先させ，労働災害の防止に努めながら生産活動にあたっていることを生徒に伝え，毎日の学習活動にも活かす必要がある。

労働災害［work accidents］とは，労働者が業務上負傷したり，病気にかかったり，または死亡する事故をいう。労働災害は，長期的には減少傾向にあり，年間の死傷者数（休業4日以上）については，1977年は34万5千人（うち死亡者3,302人），1997年は15万7千人（うち死

亡者 2,078 人）であり，2015 年は 11 万 6 千人（うち死亡者 972 人）で最近の 20 年間では死亡者数は半減している（厚生労働省　労働基準局資料より）。

　事業者には，事故を防止し労働者が安心して働ける職場環境などの整備が義務付けられている。例えば，労働基準法［Labor Standards Law］では，事業者には被災労働者に対する無過失の補償責任が規定され，また労働者は災害補償保険への加入が義務付けられている。このように，労働災害の絶滅を目指して，事業者と労働者一人ひとりがその防止に向けて一層協力して取り組むことが求められている。

　労働災害は，統計上から作業経験の少ない人の発生率が非常に高い。生徒がこれから学校で学ぶ実験・実習も初めて経験する作業の場合は，事故や怪我が発生しやすいので，教員の指導に必ず従うよう事前指導を強化することが大切である。

(2) **事故防止や安全作業の基本は「きまり」を守らせることである**
① 事故防止や安全に作業を行うには，決められている規則やルールを正しく理解し，それを守ることが基本である。
② 国では，労働安全衛生に関する法律や規則を定めて，事業者及び労働者に安全作業［safety work］に必要な規則を守ることを義務付けている。

　　例えば，事業者に対しては，危険な機械・機器には安全装置を取り付けるように義務付け，また作業者には，安全装置［safeguard］を取り外して使用することを禁じている。また，作業によっては専用の保護具［protective equipment］（安全靴・安全帽・保護めがねなど）の着用も義務付けている。
③ 学校で行う実験・実習でもまったく同様に，法や規則に従って施設や設備が管理されているので，教員はそれらの「きまり」を適時適切に生徒に指示し，注意事項や安全ルール［safety rule］を必ず守らせる必要がある。

(3) **安全作業のためには，必ず作業に適した服装にさせる**
① 実習服は，腕や足が露出せず，身体にぴったり合ったものがよい。
② 作業時には，実習帽を着用させる。

③ 機械作業をするときは,安全靴を履かせる。
④ 靴のかかとを踏みつぶして履かせない。
⑤ 機械の操作時は,手袋は巻き込まれるおそれがあり使用させない。
⑥ 実習服は清潔にさせる。溶接作業などでは,油のしみた服は,火がつきやすく危険である。

(4) **作業にあたっては,気持ちを集中させ,真剣に取り組ませる**
① 作業中には,むだな話や,わき見をさせない。
② 作業中に自分の持ち場を無断で離れさせない。
③ 実験室や実習室でふざけたり,走り回ったりさせない。
④ あらかじめ,作業手順を予習させ,作業中にあわてさせない。
⑤ わからないことは必ず尋ねさせ,あいまいな判断で作業させない。

(5) **実験・実習室は,常に整理・整頓・点検に努めさせる**
① 消火栓・消火器具や非常口のある場所をあらかじめ確認させ,その付近には,物を置かせない。通路・出入口付近にも物は置かせない。
② 使用する材料・工具・薬品を置く場所は常に整理・整頓し,使用後は必ず決められた位置に戻させる。
③ 機械や工具は,使う前に必ず点検し,不完全なものは絶対使用しない。不良品は,ただちに修理するか,良品と取り替える。
④ 材料や工具・作品などを置く場合は,安全な場所であることを確認しておくこと。

(6) **作業中における安全**
① 機械の運転音の変調や異常に気付いたら,ただちに機械を停止させ,教員に報告させる。
② 工具や器具は大きさもいろいろあるので,適した大きさのものを選択して使用させる。また,本来の用途以外には使用させない。
③ 引火性・発火性のある薬品や溶剤・塗料などを使用するときは,火気に気を付けさせる。また,刺激臭のガスが発生する物質を取り扱う場合は,排気を十分に行わせる。
④ 使用した廃液や溶剤などは,実習室の洗い場に流さない。水質汚濁や火災・爆発の原因となるので,決められた回収容器に必ず戻す。
⑤ 濡れた手などで,電源スイッチなどに触れると,感電のおそれがあ

る。また，実習中は，電流が流れているかどうか常に確認してから機器を取り扱う。
⑥ 切りくずを手で払ったりしない。必ず手ぼうきを使用させる。
(7) **共同作業では，ほかの作業者の安全にも配慮させる**
① 電源スイッチやガスの元栓を開閉する場合は，大きな声で合図し，作業者全員に徹底し，安全を確認して行わせる。
② 1つの機械や装置などを，数人のグループで使用する場合は，1人ずつ使用する順番を決めて，交替で行う。他人の作業中には，作業者から求められない限り，声をかけたり，手を出したりせず，真剣に見学し，仲間の作業のよい点を学ぶようにさせる。
(8) **事故発生時の対処**
　実習作業には，どんな危険が伴うかを事前に理解しておくことが，安全に作業するために，大切なことである。
　「備えあれば，憂いなし」のことわざのように，実習作業においても，事故が発生した場合の対応措置について，作業前に把握しておくことが必要である。事故が発生したときには，あわてずにその状況を正しく判断し，次のような措置をとる。
1) 異常事態や事故が発生した場合
　① 声を出して周囲の者に状況を知らせる。ただし，実験・実習中は，緊急時以外は，大声を出さないよう事前に決めておく。
　② 機械の緊急停止装置を働かせたり，電源スイッチを切って，機械の運転を停止させる。
　（注意）　作業前に，緊急停止装置ボタンや電源スイッチの位置を全員が指さし確認をしておく。
2) 負傷者が発生した場合
　① 応急措置を行い，速やかに教員に連絡する。
　② 感電した場合は，まず電源を切ってから，応急手当をする。
3) 火災発生の場合
　① 1人で消火しようとせず，ただちに非常事態を教員や仲間に通報してから消火にあたる。
　② 煙に巻き込まれたら，地面をはうようにして煙を吸い込まないこ

とが大切である。鼻や口に濡れたハンカチなどを当てて，近くの出口や非常口から退避する。
4) 薬品による事故の場合
① 薬品が目に入ったら，多量の水道水でよく洗い流す。特に水酸化ナトリウム（カセイソーダ）のようなアルカリ性の溶液は危険であるので注意する。
② 薬品を飲み込んでしまったら，すぐに吐き出させることが大事である。ただちに，医師に連絡して処置してもらう。

第4節　高等学校のキャリア教育

　高等学校生活を通して，生徒一人ひとりが将来を見通し，キャリア形成と自己実現が図れるように，現在及び将来の学習と自己実現とのつながりが理解できるように指導する。そして将来の社会生活や職業生活との接続を踏まえ，主体的な学習態度の形成に努めさせる必要がある。

　特にこれからの生涯学習社会においては，学ぶことと働くことの意義を意識して学習の見通しを立てさせ，社会参画意識の醸成や勤労観・職業観の育成を推進する。そして社会の一員としての自覚や責任を持ち，社会生活を営む上で必要なマナーやルールを身に付けさせ，働くことや社会に貢献することについて考えて行動することができるような人材の育成に努める。

❶ 各学校段階におけるキャリア指導

　学校におけるキャリア指導（進路指導）について各学校段階で用いられている文言は，キャリア教育やキャリア指導の活用が一般化してきている。

　キャリア指導［career guidance］に関係する文言の例としては，学校教育法施行規則第71条の準用規定により，「進路指導主事」を置くことが定められ，「校長の監督を受け，生徒の職業選択の指導やその他の進路指導に関する事項をつかさどり，当該事項について連絡調整及び指導，助言に当たる」と規定されている。

また，学校で生徒への職業紹介ができる規定は，職業安定法第27条に定められ，「学校の長に公共職業安定所の業務の一部を分担させることができる」との規定により，学校で職業紹介ができるのである。

　2017年告示の小学校学習指導要領では，キャリア指導に関係する事項として小学校段階から学級活動の内容に「キャリア形成と自己実現」が新たに設けられた。

　中学校・高等学校の学習指導要領では，特別活動の学級・ホームルーム活動の取組としてその重要性が強調されている。

　中学校においては，「一人ひとりのキャリア形成と自己実現」を目標に掲げ，学校生活と社会的・職業的自立の意義を理解し，現在及び将来の生活や学習と自己実現とのつながりを考えたり，社会的・職業的自立の意義を意識したりしながら，学習の見通しを立て，振り返ることのできる資質を身に付けることを目標として掲げている。

　高等学校では，「主体的な進路の選択決定と将来設計に基づき，本人の適性やキャリア形成などを踏まえて教科・科目を選択し学習できる」ことが示されている。そこで，将来に向けた目標を持って，在り方生き方や進路に関する適切な情報を収集・整理し，自己の個性や興味・関心と照らして考え，行動することが求められている。

　また生徒は，将来の生活における職業人，家庭人，地域社会の形成者などとしての役割や活動を知り，将来の生活を具体的に描き，各自の進路計画を立案させる必要がある。

　生徒一人ひとりが目指すべき自己の将来像を暫定的に描くには，生き方や進路に関する情報を収集して活用するとともに，これまでや現在の自分を振り返り，自己の興味・関心や適性を把握することが必要である。

　そのためには，進路計画の実現を目指して，生徒が卒業後の進路選択の問題を自分自身の課題として受け止め，自ら解決するために，何を知り，どのように考え，いかに行動すべきかなどについて検討させることが大切である。

　自らの興味・関心や適性などを活かすには，特定の職業や生き方に限定されないように，選択の幅を広げることが大切であり，将来の目標となる夢や希望とのつながりを見通すことも重要である。

なお，生徒の進路選択に関わる今日的な課題としては，経済環境の変動に伴う産業構造・就業構造の変化に加えて，正規雇用以外の雇用形態が多様化し，企業の雇用慣行等が変化する中で，生涯学習社会となり，誰もが自分の人生において，進学・就職を含めて何回ものキャリアの選択を迫られるようになってきている。

そこで誰もが，キャリアを自ら形づくっていく時代を迎えており，将来の生き方や生活につながる主体的な進路選択を実現する資質・能力の育成が一層重要となってきている。

また，進路選択において生徒の家庭の経済的理由で進学を断念することのないよう，奨学金などの制度について正しく理解した上で積極的に活用できるよう，必要な指導助言を行う必要がある。

❷ 工業高等学校のキャリア指導

工業高等学校では，前述した職業安定法第27条の規定を受けて，職業斡旋を職業安定所［Public Employment Security Office］に代わってすることができる。そのため，職業安定所に求人票を出し承認を得た各企業は，その求人票を持参して，学校訪問してくるので，その対応と事務処理及び生徒への職業紹介にあたるために進路指導部が設けられている。

当然，進路指導部は，大学や専門学校等の進学指導にもあたる部署でもある。

進路指導部の組織は，校長の監督のもと，進路指導主事（進路指導主任）を中心に，各専門学科担当と普通教科担当の教員で構成されている。

当然学校の規模によるが，5〜7名程度で構成されている学校が多い。

(1) キャリア指導の業務内容

進路情報［career information］は，一人ひとりの生徒が将来の進路を選択し決定する能力の育成を目指して，有益な情報を計画的，組織的に収集し，個々の生徒に適時に伝達する必要がある。

そのための業務の一例をあげる。

① 生徒理解を深め，一人ひとりの生徒の能力・適性などを把握して進路相談［career counseling］や進路指導に役立てる業務

② 職業や上級学校などに関する情報を生徒に与えて理解させ，それを各自の進路選択に活用させる業務
③ 生徒に体験を通して，自己の能力・適性などを理解させ，具体的に進路に関する情報を獲得させる業務
④ 就職，進学，家業など生徒の進路選択の時点における援助や斡旋などの業務
⑤ 卒業生の追指導に関する業務
⑥ 収集した情報は，必要なときに適切なものを速やかに取り出して生徒に提供できるように分類整理しておく業務

最近は，進路情報は，電子データ化し，生徒がパソコンから検索し活用できるようなシステムが利用されている。ただし生徒の成績や家庭状況などの個人情報は関係者以外閲覧できないようなシステムになっているが，その取扱いには，特に注意が必要である。

❸ 進路動向の変遷

近年の産業界では，技術革新［innovation］が急速に進展し，技術がめまぐるしく進化する中，人工知能［Artificial Intelligence］・ビッグデータ［big data］・IoT［Internet of Things］などの技術革新を社会実装につなげ，産業構造改革を促す人材育成の必要性が高まっている。

このため，今後わが国の産業活動を活性化させるためには，数理やデータサイエンス［data science］の基礎的素養を身に付けた人材を広く育成する必要がある。

そこで，数理やデータサイエンスの教育強化が求められており，数理的思考やデータ分析やデータ活用能力を持ち，社会におけるさまざまな問題の解決や新しい課題の発見及びデータから価値を生み出すことができる人材育成が求められている。

(1) 新入生の多様化への対応

中学校卒業生の高等学校進学者は，2017年度98.8％（男子98.6％，女子99.0％）であり，ほとんどの生徒が高等学校へ入学してくる時代である。

このことは，新入生には，多様な学力の生徒がおり，かつ学習目的が

身に付いていない生徒も工業高等学校に入学している状況にある。

　全国の工業高等学校では，生徒たちが地域の小学校や中学校の児童・生徒を対象にものづくり教室を開催したり，教員たちも地域の中学校に工業高等学校の実情を正しく理解してもらうために学校訪問などに努めている。また，地域社会に対しては，企業体験学習や地域の教育力を活用した授業の実施や課題研究の成果発表会を地域住民に広く開放したり，工業高校生の成長の姿を正しく理解願う取組は進んできている。

　工業高等学校としては，希望に充ち満ちて入学した生徒はもちろん，不本意入学した生徒も，卒業時には全員が立派な工業人・職業人として，希望を持って巣立っていけるような工業教育を目指して日々教員たちは頑張り，着実に成果を上げている。

(2)　高等学校卒業生の就職と進学の推移

　1955年（昭和30年）以降の高等学校の卒業生の進学率は，国民の豊かさの一つの象徴として，第二次世界大戦後の高度経済成長期であった1965年前後の一時期を除けば，一貫して上昇してきており，2017年度（平成29年度）の大学進学率は54.7%と最高となり，専修（専門課程）学校の進学者16.2%を加えると7割が高等教育機関に進学しており，それに伴い就職率は減少傾向となってきている。就職率は，1965年（昭和40年）前後は一時6割に達したこともあったが，大学等への進学率の上昇に伴って次第に下降し，2000年（平成12年）以後，現在まで20%を切っている。

(3)　高等学校卒業生の産業別就職状況

　2017年度（平成29年度）の高等学校卒業生107万人のうち，就職者は約19万人17.7%である。就職先の産業別就職状況の構成比をみると，男女とも製造業が最も多く，男子46%，女子28%であった。

　続いて多いのが，男子は建設業が12%，女子では卸小売業が19%であった。

(4)　就職希望者の専門学科別就職状況

　文部科学省の発表によると，2016年度（平成28年度）の高等学校卒業生の就職率は1990年度（平成2年度）以来，26年ぶりの高水準となった。

　2020年の東京オリンピックを控え，建設業関係の人手不足の現状が

あらわれていると予想される。

就職者の就職希望者に対する割合を学科別にみると、「工 業」99.4％、「福 祉」99.1％、「商 業」99.0％、「情 報」99.0％、「看 護」98.8％、「農 業」98.7％、「家 庭」98.7％、「水 産」98.5％、「総 合」97.7％、「普 通」96.4％の順である。

男女比でみると、男子98.5％、女子97.4％である。

内定率の高い県は、富山県100％、石川県99.8％、福井県99.7％、福島県99.7％、新潟県99.6％である。

内定率の低い県は、沖縄県89.5％、大阪府95.1％、兵庫県95.7％、東京都95.8％、千葉県95.9％である。

例年同様、校種別では、工業高等学校卒業生の就職率は最も高くなっていた。

表4-4-1　高校生の進学・就職率

卒業年度	大学進学率	就職率
1955年（S30）	18.4％	47.6％
1965年（S40）	25.4％	60.4％
1975年（S50）	34.2％	42.9％
1985年（S60）	30.5％	41.0％
1990年（H2）	30.6％	35.2％
2000年（H12）	45.1％	18.6％
2010年（H22）	54.3％	15.8％
2015年（H27）	54.5％	17.8％
2017年（H29）	54.7％	17.8％

総務省統計局データから作成

(5) 工業高等学校卒業生の就職状況の推移

全国工業高等学校長協会の経年調査2017年度（平成29年度）全日制課程全国調査結果（調査対象校579校で回答校は544校、回答率は94.0％）を参考にして以下まとめた。

① 就職率の推移

調査結果によると、就職希望者は1984年度（昭和59年度）の81.5％から毎年度減少し、アメリカの同時多発テロ事件の翌年の2002年度（平成14年度）の就職希望者は50.2％と最も少なくなったが、内定率はよく95.4％であった。その後の就職希望者は増加傾向となり、2016年度（平成28年度）には66.5％となり、その内定率は99.6％で過去を含めて最高の就職率であった。

専門学科の中で、工業科の就職内定率は常にトップの地位を占めてきている。

全国の普通科高等学校を含む高等学校全体の求人倍率は、過去10年をみても2倍を超えているのは最近の2015年度2.04倍と2016年度2.3

倍だけである。これに対して工業高等学校の求人は，毎年3倍以上あり，最近の2015年度7.4倍と2016年度8.9倍と求人倍率は高まっていた。
② 職種別の動向

工業科の2017年度の就職先の職務内容でみると，技能・技術系84.7%で最も高く，その内訳をみると，製造業56.1%，建設業15.3%，運輸・通信5.5%，サービス業4.1%，その他3.7%であった。

技能・技術系以外では，卸・小売業4.4%，公務員3.7%，生活関連サービス2.8%，医療・福祉0.8%，その他3.6%であった。

また，就職地は，工業高等学校の所在地の都道府県内に就職している生徒は，過去から7割前後であり，2017年度は73.2%を占めていた。
③ 高等学校卒業者の離職状況

厚生労働省の新規高等学校卒業者の就職離職状況調査によれば，最近の就職後1年間の離職率は，2015年度（平成27年度）の卒業者では17.2%となっている。

過去5年間の卒業者の離職状況をみると，就職後1年後では2割前後，2年後では約3割，3年後では約4割が離職している。

すなわち，就職後1年目に離職する者が2割と高く，2年後3年後では，さらに1割ずつ離職していることになり，就職後3年間で約半数近くが離職していく傾向がみられている。

⑹ 工業高等学校卒業生の大学等の進学状況の推移

過去の統計からわかることは，景気が悪い時期は，就職しづらいことが原因となり大学進学率が高くなる傾向にある。

例えば平成になって（1989年（平成元年））からの進学率は17%程度が続いていたが，2001年アメリカで発生した同時多発テロの翌年は42.2%とこれまでで最も高い進学率を示した。その後の進学率は減少していたが，2008年リーマンショックの翌年である2009年には39.2%と前年度より5%ほど進学率は上昇し，同様の傾向がみられた。

2017年度の進学先の内訳は，4年制大学44%，専修・各種学校45.1%，短大・高専5.8%，職業能力開発校5.1%である。

1995年（平成7年）当時の文部省に設けられた「職業教育活性化方策に関する研究調査会議」から「スペシャリストへの道」という答申が

出され，専門高校の卒業生に対して「産業の高度化に伴い，継続して学習できる場を用意する必要がある」として，大学等へ進学する道の拡充が提言されていた。

その答申により，私立大学を中心として各大学の理解も徐々に得られ，特別選抜や推薦入学により，専門高校卒業生の大学進学への道が年々拡充されつつある。

❹ これからのキャリア指導の在り方

これからの進路指導では，キャリア発達を意識した「ホームルーム活動」を中心として学校教育活動全体での取組が求められている。

そこで，2012年（平成24年）の国立教育政策研究所の進路指導研究センターの「キャリア・進路指導に関する実態調査結果」を参考にして述べる。

卒業していく生徒たちに，これからの社会で予想される出来事である「社会・経済・産業の構造的変化への対応」，「離職・失業など，将来起こり得る人生上の諸リスクへの対応」，「転職希望者や再就職希望者などへの就職支援の仕組みへの対応」などを正しく伝え，現状での対応策を紹介するなどの指導の強化が必要になっている。

特に現在中心として行っている，卒業直後までの進路選択の指導にとどまらず，就職経過後の経済・社会・雇用の仕組み等，生徒が将来とも広く関わる事項についても，指導の充実・改善を図る必要がある。

つまり，卒業生が希望している，「就職後の離職・失業など，将来起こり得る人生上の諸リスクへの対応」について「もっと指導してほしかった」との回答が多く，学校におけるキャリア教育としては，長期的視点から将来を展望した指導の充実が課題である。

就業体験・社会人講話などの体験的学習の実施については，職業に関する専門学科が 95.9％と最も実施しているが，総合学科 81.9％，普通科 74.6％の順で減少し，普通科における体制整備や取組の充実が期待される。

また，「将来の生き方や進路について考えるため，指導してほしかったこと」では，「自分の個性や適性を考える学習」をあげた回答が

29.9％で最も高く，次いで「社会人・職業人としての常識やマナー」が26.5％，「就職後の離職・失業など，将来起こり得る人生上の諸リスクへの対応」が23.1％となっていた。

生徒が求める指導が，卒業直後の進路選択に偏ることなく，社会人・職業人として望まれる行動や，経済・社会・雇用との関わり等，中・長期的視点から将来を展望した上でのキャリア指導の強化が求められているといえる。

第5節　高等学校の特別活動

各学校は，その教育目標［education objectives］を達成するために，「各教科」や「総合的な探究の時間」の教育活動とともに，「特別活動」の充実にも努めており，ここでは高等学校教育全体の視点で述べる。

2018年3月告示の高等学校学習指導要領によれば，特別活動［special activities］は，教育課程において年間1単位時間（35時間）行うことが定められており，①　ホームルーム活動，②　生徒会活動，③　学校行事，の3分野を規定している。しかし，部（クラブ）活動については特別活動の中には規定がない。つまり部活動は，教育課程外の教育活動であるが，「教育課程との関連が図られるように留意する」とされている。

特別活動の目標は，「集団や社会の形成者としての見方・考え方を働かせ，様々な集団活動に自主的，実践的に取り組み，互いのよさや可能性を発揮しながら集団や自己の生活上の課題を解決することを通して，次のとおり資質・能力を育成することを目指す」と規定している。

具体的には，次の3項目が目標としてあげられている。

1) 多様な他者と協働する様々な集団活動の意義や活動を行う上で必要となることについて理解し，他者との行動の仕方を身に付けさせる。
2) 集団や自己の生活において，人間関係の課題を見いだし，解決するために話し合い，合意形成を図ったり，意思決定できるようにする。
3) 自主的，実践的な集団活動を通して身に付けたことを活かして，主体的に集団や社会活動に参画し，生活及び人間関係をよりよく形成する。また，人間としての在り方生き方についての自覚を深め，自己実

現を図ろうとする態度を養う。

毎週1時間の特別活動としては，ホームルーム活動が主な活動であり，担任教員の指導のもとで運営されている。

❶ ホームルーム活動

ホームルーム活動［homeroom activities］では，各自が所属するホームルームや学校での生活をよりよくするための課題を見いだし，解決するために，話し合い，合意形成し，役割を分担し協力して実践できるように指導する。

また，生徒各自がホームルームでの話し合いを活かして自己の課題の解決及び将来の生き方を考えて意思決定し，自主的で実践的に取り組む態度を身に付けさせる場でもある。

具体的には，すべての学年において，次にあげる各活動を通して，それぞれの活動の意義及び活動を行う上で必要となることについて理解し，主体的に考え，実践することが求められる。

1) ホームルームや学校における生活づくりへ参画し，ホームルームや学校における生活上の諸問題の解決や生活を向上・充実させるための課題を見いだし，解決するために話し合い，合意形成を図り，実践する。
2) 日常の生活や学習への適応と自己の成長及び健康安全については，よりよい人間関係の形成や自他の個性を理解して尊重し，互いのよさや可能性を発揮し，コミュニケーションを図りながらよりよい集団生活が送れるように努めさせる。また，生命の尊重と心身ともに健康で安全な生活態度や規律ある習慣を確立し，節度ある健全な生活を送るなど現在及び生涯にわたって心身の健康を保持増進することや，事件や事故，災害等から身を守り安全に行動することを身に付けさせる。
3) 人ひとりのキャリア形成と自己実現については，学校生活と社会的・職業的自立の意義を理解し，現在及び将来の生活や学習と自己実現とのつながりを考えさせたり，社会的・職業的自立の意義を理解し，学習の見通しを立てさせることが必要である。

❷ 生徒会活動

　学校の全生徒をもって組織する生徒会においては，次の各活動を通して，それぞれの活動の意義及び活動を行う上で必要となる課題について理解させ，主体的に考えて実践できるよう指導する。

1) 生徒会の組織づくりと生徒会活動［student council activities］の計画運営

　生徒が主体的に組織をつくり，役割を分担し，計画を立て，学校生活の課題を見いだし解決するために話し合い，合意形成を図り実践できるよう指導する。

2) 学校行事への協力

　学校行事の特質に応じて，生徒会の組織を活用して，計画の一部を担当したり，運営に主体的に協力したりするよう指導する。

3) ボランティア活動などの社会参画

　地域や社会の課題を見いだし，具体的な対策を考え，実践し，地域や社会に参画できるように指導する。

❸ 学校行事

　学校行事［school events］は，学校生活に秩序と変化を与え，学校生活の充実と発展に資する体験的な活動を通して，それぞれの学校行事の意義及び活動を行う上で必要となることについて理解し，主体的に考えて実践できるように指導する。

1) 儀式的行事

　学校生活に有意義な変化や折り目を付け，厳粛で清新な気分を味わい，新しい生活の展開への動機付けとなるように指導する。

2) 文化的行事

　平素の学習活動の成果を発表し，自己の向上の意欲を一層高めたり，文化や芸術に親しんだりできるように指導する。

3) 健康安全・体育的行事

　心身の健全な発達や健康の保持増進，事件や事故，災害等から身を守る安全な行動や規律ある集団行動の体得及び運動に親しむ態度の育成，責任感や連帯感の涵養，体力の向上などに資するように指導する。

4) 旅行・集団宿泊的行事

　平素と異なる生活環境にあって，見聞を広め，自然や文化などに親しむとともに，よりよい人間関係を築くなどの集団生活の在り方や公衆道徳などについての体験を積むことができるように指導する。

5) 勤労生産・奉仕的行事

　勤労の尊さや創造することの喜びを体得し，就業体験活動などの勤労観・職業観の形成や進路の選択決定などに資する体験が得られるように指導する。さらに，ともに助け合って生きることの喜びを体得し，ボランティア活動などの社会奉仕の精神を養う体験が得られるように指導する。

　なお，入学式や卒業式などにおいては，その意義を踏まえ，国旗を掲揚するとともに，国歌を斉唱するよう指導する。

❹ クラブ（部）活動

　部活動［club activities］は，学習指導要領では教育課程外の活動として位置付けられているため，特別活動の範疇には位置付けられていないが，あえてここで取り上げた。

　部活動は，異学年の生徒たちとの自主的，自発的な参加により行われるスポーツや文化や科学技術などに親しみ，学習意欲の向上や責任感，連帯感の涵養など，学校教育が目指す資質・能力の育成に役立つものであり，学校教育の一環として，教育課程との関連が図られるようにする必要がある。

　その際，学校や地域の実態に応じて，地域の人々の協力，社会教育施設や社会教育関係団体等の各種団体との連携などの運営上の工夫を行い，持続可能な運営体制が整えられるようにすることが大切である。

　このような教育課程外のさまざまな教育活動を教育課程と関連付けることは，生徒達が多様な学びや経験をする場や自らの興味・関心を探究する機会ともなる。

　特に，学校教育の一環として行われる部活動は，異学年生との交流の中で，生徒同士や教員と生徒等の人間関係の構築を図ったり，生徒自身が活動を通して自己肯定感を高めたりするなど，その教育的意義が高い

ことも指摘されている。

しかし，教育的意義は部活動の充実の中のみで図られるのではなく，例えば運動部の活動においては，保健体育科の指導との関連を図り，競技を「すること」のみならず，「見る，支える，知る」といった視点からスポーツに関する科学的知見やスポーツとの多様な関わり方及びスポーツが持つさまざまなよさを実感し，自己の適性などに応じて，生涯にわたるスポーツとの豊かな関わり方を学ぶことが大切であり，この事例からみても部活動と教科学習との関連により，教科の学習成果も高まるのである。

また，機械クラブ等の製作活動では，教育課程において専門科目で学習したことなども踏まえ，共同製作過程を通して，興味・関心等をより深く追求していく機会となり，実習教科等の目標及び内容との関係にも気付かせ，生徒自身が教育課程において学習する内容について改めてその大切さを認識できるように促すことが大切である。

(1) 部活動の指導上の配慮事項

各学校が部活動を実施するにあたっては，生徒が参加しやすいように実施形態などを工夫するとともに，生徒の生活全体を見渡して休養日や活動時間を適切に設定するなど，生徒のバランスのとれた生活や成長に配慮することが必要である。

また，教員の勤務実態調査の結果では，部活動指導手当として，土日4時間程度の勤務を前提として2018年現在3,600円が支払われているが，部活動に係る土日の指導時間が，教員の長時間勤務の要因の一つとなっており，部活動の適切な実施の在り方が求められている。

そこで部活動で適切な指導を行うための担当教員の配慮すべき事項としては，名目だけの顧問でなく，部の活動全体を掌握して指導監督にあたる責任がある。顧問教員が不在の部活動中に事故やトラブルが起きる可能性が高いので，専門的知識や技術がなくても，部活動の現場にいることが大切である。また，生徒の入退部については，本人の意志や健康状態などに配慮し，ホームルーム担任や保護者と連携し，顧問としての適切な判断とそれに伴う指導が求められる。

また，部活動の目標が，勝利やよい成果のみに偏ると，生徒間にトラ

ブルが発生したり，過度な練習や作業などにより事故等が発生したりするので，日常的に適切な指導を継続して行う必要がある。

運動部の練習では，できるだけ短時間で効果が上がるよう，集中した練習に努め，連続した長い期間・時間の練習などは，健康や学業に影響を与えるので顧問として配慮する責任がある。

(2) 部活動活性化の課題

高等学校の部活動も，少子化や生徒の価値観の多様化のため，加入率が減少傾向にあり，部員不足で廃部になる例もある。一方，人気の運動部などでは，多数の部員を抱えて盛んに活動している部もあり，二極化しているのが現状である。

解決策としては，部活動の意義を理解させ，それぞれの生徒の特性に合い，かつ各自にとって活動のしがいのある部の適切な選定指導が望まれる。指導者の面からは，指導できる教員の配置や外部指導員の招聘制度化の確立が待たれる。

第6節　社会に開かれた工業高校

2015年12月に中央教育審議会から，「新しい時代の教育や地方創生の実現に向けた学校と地域の連携・協働の在り方と今後の推進方策について」の答申が出された。その中で，地域と学校の連携・協働の推進に向け，「地域とともにある学校」の実現が求められている。

また，文部科学省からは「次世代の学校・地域創生プラン」が2016年に出され，学校と地域の一体改革による地域創生を目指している。

21世紀の「開かれた学校」は，従来からの単なる学校の施設・設備の開放だけではなく，学校と家庭と地域社会が連携して，それぞれの教育機能や役割を明確にし，その教育機能を積極的に活用していくことが求められる。さらに，これからの社会は，国際化，情報化の進展と高齢化の到来による生涯学習社会になるとの展望に立ち，生涯学習体系への移行を前提にした学校・家庭・地域社会の一体化が必要な時代を迎えている。

特に工業高等学校は，地域社会の生涯学習ニーズに応えられる人材や

施設・設備があり，それらを活用した公開講座等の実施による地域貢献の一方，逆に地域の人材活用や企業でのインターンシップ［internship］の実施により地域の教育力を生徒たちの資質向上に結び付け，学校と地域社会が相互の連携を強化して，両者の教育力向上に役立てる必要がある。

❶ 産学連携の実態

　工業高等学校は将来のスペシャリストとしての技術者・技能者の育成を目指している。工業科の学習の特徴は実習を中心とした体験的実際的な学習にある。企業との連携のもと，産業現場における生徒のインターンシップや教員の企業への派遣研修，企業などから豊かな経験や優れた能力を持つ人材を講師として招聘するなど，地域が持つ教育機能を学校教育に積極的に活用することによって，生徒の学習に対する目的意識や職業観・勤労観を一層高め，社会の変化に対応した知識・技術を身に付けさせることができる。

　特に，わが国の優れた伝統技術・技能の継承も重視される中，伝統技能継承者や高度熟練技能者を学校に招き，実践的な指導を生徒が直接受けることや優れた技術や技能を見学することは大変効果的である。

　つまり，学校を社会に開き交流することで，学校と家庭，地域との相互理解を一層深め，それぞれの教育機能を活用し，目的を達成していくことができるのである。

　産学連携の実態について，全国工業高等学校長協会の教育課程委員会が，全国の会員校597校を対象に，2017年5月に調査し，576校からの回答を得てまとめられた結果を紹介する。

(1) **インターンシップの実施状況について**
① 実施している学校は90.9%，実施学年2学年が88.6%であった。
② 参加者については，学年全員が57.5%，続いて一部の生徒が33.1%であった。
③ 実施時期は長期休業中が41.1%，授業日59.9%であった。
④ 月別では10月実施23.5%，11月実施21.9%，7月実施17.1%であった。

⑤ 実施期間では，3日以内 66.2%，3～4日が 30.8% であった。
⑥ 単位認定は，していない 81.8%，している 18.2% であった。
○実施上の問題点について
① 受け入れ企業の問題 42.8%，② 事前・事後の打ち合わせ 20.6%
③ 校内問題 15.7%，④ 安全指導 14.3%
⑤ カリキュラムの関係 3.2%
○次年度以降の実施対象生徒について
① 全員に実施 56.6%，② 一部の生徒に実施 38.2%
③ 実施しない 5.2%

　調査結果からわかるように，多様な形態であるが，インターンシップ実施校は9割に及んでおり，過去の調査と変化がなく，ほとんどの学校が何らかの形で実施していることがわかる。

(2) デュアルシステムの実施状況について
　デュアルシステムは，企業での長期の**現地実習**［OJT：On the Job Training］を行うことである。
1) 実施の有無
　　① 実施している 9.7%，② 実施していない 87.8%，③ 検討中 2.5%
2) デュアルシステム実施校での形態
　　① 科目に割り当て毎週実施 57.2%，② 長期休業中 24.5%
　　③ その他 22.6%
3) 実施学年
　　① 3学年 58.9%，② 2学年 27.5%，③ 2,3学年 13.7%
4) 参加者
　　① 一部の生徒 96.2%，② 学年全員 3.8%
5) 学習場所
　　① 学校内 58.5%，② 学校外 41.5%
6) 技能士等の資格取得との関係について
　　① つながっている 42.5%，② 一部つながっている 39.8%
　　③ つながっていない 8.7%，④ どちらとも言えない 9.1%

　なお，デュアルシステムの実施校は，全体の約1割の54校で，3学年の一部の希望生徒に1～2カ月実施している事例が主である。

❷ 地域との連携

1) 「生徒による地域活動を実施しているか」では，① している 89.4%，② 検討中 3.4%，③ していない 7.2%
2) 「実施校の主たる目的」は，① 地域貢献 32.6%，② 地域からの学校理解 24.1%，③ 学校の PR 22.7%，④ 生徒の地域理解 16.3%
3) 「地域での活動内容」では，① イベントへの参加 28.6%，② 清掃活動 24.9%，③ ものづくり教室 19.8%，④ 出前授業 11.8%
4) 「地域の力を生徒の技術指導に活かす」では，① 実施している 52.4%，② 検討中 11.0%，③ 実施していない 36.5%
5) 「地域力の対象について（実施校 290 校の回答）」では，① 地場産業 59.0%，② 地域住民 13.5%，③ 大学高専 22.7%，④ その他 4.7%
6) 「実施時期について」では，① 授業期間中 46.6%，② 放課後 21.7%，③ 長期休業中 19.5%，④ 週休日 10.6%，⑤ その他 1.6% であった。

❸ 学校開放講座の実施

　工業高等学校の特性を活かした**学校開放講座**［school opening course］は，工業高等学校の持つ教育的機能を広く地域社会に開放し，地域住民に生活上，職業上必要な知識，技術や一般教養の学習機会を提供するもので，生涯学習社会における学校の役割として重要であり，実施することが期待される。

　全国工業高等学校長協会の 2017 年度の調査結果をもとに述べる。

1) 　学校開放講座を，① 実施している 40.9%，② 検討中 3.7%，③ 実施していない 55.4% で，最近になり過去に比べ実施しない学校が多くなる傾向にある。その理由は，在校生の資格取得指導やインターンシップ指導などで休業期間中も教員は生徒指導に忙殺されているためである。
2) 　学校開放講座の対象者について（実施校 150 校対象）では，① 小学生 37.4%，② 中学生 28.9%，③ 高校生 12.2%，④ 保護者 12.2%，⑤ 一般人 17.7%，⑥ その他 1.2% であり，小・中学生対象が多いのは，工業高等学校の実態を正しく小・中学生に理解してもら

うねらいがある。
3) 講座内容としては，①　ものづくり 64.6%，②　パソコン 15.1%，③　CAD 6.0%，④　その他 14.4% である。
4) 講座日数は，①　5 日以下 91.0%，②　10 日以下 3.4%，③　11 日以上 5.6% であるが，ほとんど 1 週間以内である。

❹ 高・大連携

1) 大学や専門学校等との連携の実施について
　①　実施している 48.4%，②　する方向で検討中 7.4%
　③　実施していない 44.1%
2) 高・大等の連携内容（実施校 275 校対象）
　①　単位の修得 5.9%，②　知識・技術的な支援 52.8%
　③　授業補助（チューター）9.9%，④　施設利用 21.7%
　⑤　その他 9.7%
3) 実施場所について
　①　連携先で実施 50.4%，②　自校で実施 48.3%，③　その他 1.3%

❺ 学校間・校種間の連携

　義務教育学校や中等教育学校は，中 1 ギャップや高 1 ギャップにみられる新入生の学校不適応の解消や学びの連続性や入試の解消などを目指し，異校種の一体化を制度化したものといえ，その成果が期待されている。

　高等学校では，生徒や社会の変化に柔軟に対応し，学習における選択機会の拡大などによる生徒の個性の伸長を図るなどの目的で，教育課程の編成に際して，選択科目を増やしたりコース制を設けたりして学校の特色化に努めてきた。

　しかし，1 校だけの取組では限界もあり，地域の数校との学校間連携［cooperation between schools］がそのギャップを補い他校での教科・科目の履修を可能にし，教育課程のより一層の多様化・弾力化を図るための一つの方策として実施されてきた。

　しかしこれからは，生徒数の減少傾向により，学校の統廃合は避けら

れず，地域に密着し，地域から望まれる学校としてその存在感を高める取組が求められている。

そこで今後は，小規模学校の学校間連携よりも，普通科と専門学科を統合した，総合学科高等学校などへの改変に期待したい。

(1) **異校種間連携の意義とキャリア教育**

児童・生徒たちにとって，小学校から中学校・高等学校への学校間の移行には，連続性があり，かつ各校種の発達段階に応じ継続的でかつ体系的なキャリア教育［career education］の充実を図る必要があり，キャリア教育の視点から小・中・高の連携・接続を図ることが大切になっている。

現在の小・中・高及び特別支援学校等の学校間連携の主眼は，各学校が各学年・各校種におけるキャリア発達の特性や，異なる学校種の活動についての理解を深め，その理解を前提とした系統性のある指導計画を作成し，各学校が児童・生徒一人ひとりの発達の状況を的確に把握し，それに対するきめ細かな支援を行う必要がある。

そのためには，児童・生徒のキャリア発達に対する情報を，次の学年や学校に確実に引き継いでいけるようにする，学校種間の連携が円滑に進むようにすることが求められる。

つまり，小・中・高等学校の12年間にわたる継続的・発展的な取組がキャリア教育では重要視されている。

例えば，小学校の職場見学，中学校での職場体験，高等学校の就業体験（インターンシップ）などを継続的に実施することにより児童・生徒のキャリア発達を促すことにより，大きな成果が期待できる。

しかし，学校種間の連携がないまま系統性，発展性を欠いた取組では，児童・生徒にとっては新鮮さに欠け，かつ目的意識の低い活動となり，受入事業所などにとってもやりがいが得られず，負担だけが残ってしまうと考えられる。

そこで，キャリア教育の推進にあたっては，学校種間で相互の取組の理解を深める機会を設定し，児童・生徒の学習活動の記録などを引き継ぐ校種間の連携の構築が必要である。

そこで，指導要録にキャリア発達に対する記録欄を設けて，次の校種

の学校に引き継ぎ，指導の継続性を高める必要がある。
(2) **生涯学習体系における学校教育の役割**

　従来，工業高等学校などの専門高校における教育は，職業生活［job life］において必要とされる専門知識・技術を身に付けた職業人を育成するための教育，すなわち完成教育としての意識が強かった。

　しかし，科学技術の進展等に伴い，産業界において必要とされる専門的知識・技術の高度化や複合化，就業構造の変化などで，高等学校での教育だけでは社会や生徒のニーズに合わなくなり，生涯にわたって専門能力の向上のための継続した学習が必要になっている。

　すなわち，学校教育は，生涯学習のための基礎的な役割を担う一機関として，次の目的で行われるとみることもできる。

① 学び方を学ぶ態度を身に付けさせる。
② 基礎的・基本的事項を重視し，発達段階に応じ学習させる。
③ 学ぶことに喜び・意欲・興味を持たせ，進んで学習に取り組む意欲と行動力を養う。
④ たくましい心身の健康と生涯を通して主体的に学び続ける意志と態度，能力などを身に付け，自己教育力を育成する。

❻ 学校情報の開示

　国の機関をはじめ各地方自治体では，その出先の公共機関を含め情報公開条例に基づき，各自治体の有する情報は原則公開となり，学校情報も公開の対象である。

　学校は公的機関として**アカウンタビリティ**［accountability］（**説明責任**）の観点からも教育活動や学校運営に著しい支障をもたらさないかぎり，国民の知る権利を保障する観点から，情報を求められれば原則公開しなければならない。

　学校情報とは，学校がその目的を達成するために行う直接的な教育活動をはじめ，学校運営に必要なすべての業務の計画・実施・結果に関する情報である。

　大きくは，学校全体に関わる一般的情報である「教育情報」と，生徒個人のプライバシー［privacy］に関わる「個人情報」［individual information］に分けることができる。さらに，学校が広報活動として積極的に公開していくものと，住民の請求に応じて開示するものとに区別することができる。

　開示請求があった場合には，個人情報や公益を阻害する公的秘密を除いては，速やかに開示できるように情報を整理し，管理しておく必要がある。個人情報の開示については，プライバシーの保護に気を付け，法令等の定めるところにより開示することができないと認められるときや，開示することにより，事務の適正な執行に支障が生じたり，第三者の権利・利益を侵害したりするおそれがあるときには，開示しない情報もある。

　個人情報の流出事件や事故の80％以上は，校内に原因があるといわれている。それらの事故を防ぐために，管理体制を整えることはもちろん，個人情報を扱う教職員の教育訓練も必要となっている。

　教職員全員が個人情報を取り扱う責任の重要性を理解し，書類やデータの持ち出しの制限や使用のルールを決め，業務マニュアルを作成し，その規定に準拠して日常業務にあたる必要がある。

　学校に「学校評議員制度」が取り入れられたことにより，学校は教育情報を積極的に公開し，保護者や地域住民の疑問や学校運営について説明する責任がある。そして情報公開により，保護者や地域住民との互いの信頼関係を確立し，共同して児童・生徒の教育をつくり上げ，学校運営に活かしていくことが求められている。

第7節　新しい高等学校づくり

　今までは，小・中学校時代に自分の人生を見通した継続的なキャリア教育は行われてこなかった。そのため，児童・生徒は自己理解の上に将来を見通すことができず，高等学校進学時に，自身の進路選択を適切に行うことは困難であった。

　2017年度の高等学校は，中学校からの進学率は98.8％となり，多様な生徒が入学してきている。そのため，学力面や生活面で学校生活に適応できず，やむを得ずに中途退学する生徒もでている。他方，大学等への進学を希望する生徒は増加傾向にあり，その対応も必要になっている。

　このような現状を踏まえ，国や都道府県では生徒の実態や時代の進展に応じた高等学校教育の諸制度の改革に取り組んでいる。

❶ 総合学科高等学校

　普通科高等学校でも大学等への進学をせず，卒業後に就職する生徒がいるにもかかわらず，大学進学型の教育課程を編成しているところが多く，就職する者に対する職業教育［vocational education］は行われていない。

　また，専門高等学校［professional high school］では，進学希望者が増加しているにもかかわらず，専門に分化した職業教育を行い，進学希望者への対応はほとんどなされてこなかった。

　このような現状を踏まえ，第14期中央教育審議会答申が1991年（平成3年）4月に出され，高等学校教育の改革の一つとして，新しいタイプの総合学科高等学校［integrated high school］の設置が示された。

　これまで，普通科と専門学科に大別されていた学科区分を見直し，普通科と専門学科とを総合した総合学科高等学校がつくられた。

　2017年度（平成29年度）現在，学科別生徒数でみると，総合学科は，普通科73％以外では，工業科7.6％，商業科6.0％に続いて3番目の5.4％で17万6千人の規模の学校となっている。

　総合学科高等学校は，学年による教育課程の区分はない単位制の課程

である。そこで，開設されている多様な普通教科科目と専門科目の中から，各自の進路希望に応じて必要な科目を選択して学習する。

ただし，教育課程の編成にあたっては，専門科目の「産業社会と人間」は1年時に2～4単位の履修が義務付けられ，専門教科・科目を合わせ25単位以上の多様な各教科・科目が設定され，主体的に選択履修できるような教育課程になっている。

その際，生徒が選択履修しやすいように，体系性や専門性等において相互に関連する教科・科目によって構成される科目群を複数設けるとともに，必要に応じてそれら以外の各教科・科目を設け，生徒が自由に選択履修できるようにすることが求められている。

総合学科高校は，1994年（平成6年）に7校設置されたのをはじめとして年々増設され，2018年度現在，全都道府県に176校設置されている。

ここでは，都立工業高等学校から改変した事例を次に紹介する。

❷ 都立総合工科高等学校

2006年度（平成18年度）に，都立世田谷工業高等学校の地に開校した。「工科」という言葉は，工業の「工」と科学技術の「科」から成り立っており，この言葉はものづくりにおける工業技術と，その背景にある科学技術の両方を体得し，日本のものづくりを支え，グローバル化する国際社会で活躍する技術者を育成するという思いが込められている。

そこで，最新の施設や設備を使った実験や実習に加えて，知識の裏付けとなる理論を学び，理工系大学への進学を重視した教育を行っている。

目標は「広い視野から自然や社会を考える力（創造）と自己実現力を身につけたスペシャリスト（探求），心身ともに健やかで，他者と協調し，国際社会に貢献できる豊かな人間性（協同）を育成する。」という目標を掲げている。

入学時には，「機械・自動車科」と「電気・情報デザイン科」と「建築・都市工学科」の3学科に分かれて1年間学習し，2年時から機械系，自動車系，電気系，情報デザイン系，建築系，都市工学系の6類型に分かれて専門学科の内容を学習する形態である。

❸ 都立王子総合高等学校

2011年度（平成23年度）に，都立王子工業高等学校の地に開校した。「生徒が夢の実現を企画する学校」として，将来の職業選択を視野に入れ，普通教育と専門教育を総合的に行い，自己の特性や進路について深く考えさせ，自己実現を目指す意欲を培うとともに，社会の変化に主体的に対応し得る豊かな創造性を持ち，社会に貢献できる人材育成を目指すとしている。

学校像としては，「生徒が自分の生き方を主体的に考え，目標を実現するために必要な力を身に付ける学校」「生きたキャリア教育を通じて，社会人としての規範意識を育むとともに生徒の多様な可能性を伸ばす学校」「地域の歴史や伝統文化を学ぶことを通じて，地域への愛着と豊かな創造性を育む学校」を掲げている。

育てたい生徒像としては，「進路希望を実現するため進んで学び，自分の進路を切り拓く力をもつ生徒」「体験学習を通じて，様々な知識や技術を学び，自分の生き方を真剣に考える生徒」「他者を思いやる心やボランティア精神を持ち，社会人として規律ある行動ができる生徒」「地域に愛着を持ち，ものづくりの伝統や文化を継承し，創造していこうとする生徒」「広い視野と環境に対する高い意識を持ち，表現力やコミュニケーション能力の豊かな生徒」などの目標を掲げている。系列としては，「国際・ビジネス系列」「文化・芸術系列」「メディア・ネットワーク系列」「サイエンス・テクノロジー系列」「スポーツ・健康系列」の5系列が設置されている。

❹ 都立科学技術高等学校

2001年（平成13年）4月に将来の科学者・技術者を育成するという目的のもと開校した高校で，専攻科も同時に設置された。21世紀のスペシャリストとして活躍する人材の育成を目指して，東京都が工業高等学校改革の一つとして設置したニュータイプの工業系の高等学校である。

学校規模・設置学科は，高等学校が科学技術科1学年6学級（210名）であり，専攻科（2年間）は，機械情報デザイン科，化学環境システム

科（各30名）で，2001年度（平成13年度）に両学科が同時に開校した。
　しかし専攻科は，2014年度（平成26年度）を最後に募集は停止された。
　2012～2016年には「スーパーサイエンスハイスクール」に指定されている。
　進学では，理系の大学の進学がメインであるが，文系大学への進学も可能で，4年制大学への現役進学率は7割を超えている。
　学科の目標としては，1つの専門分野に通じているだけでなく，幅広い知識・技術を学び，科学技術について専門的に学ぶための基礎を身に付けさせ，創造力，問題解決能力を高め，望ましい職業観・倫理観を育成するとしている。

表4-7-1　東京都の多様なタイプの高校例（2018年度の高校総数は186校）

校種	校数	概要
総合学科高校	10	多様な科目を開設し普通教育と専門教育を総合的に行う
単位制高校	12	多様な学習形態，進学重視型，専門型の3種類がある
科学技術高校	2	専門性を身に付け大学進学を目指して継続的に学習する
進学型専門高校（ビジネス科）	2	ビジネスに関する知識と技術を学び，国際社会で活躍できるスペシャリストを育成する
産業高校	2	商品の生産から流通までを学び職業人を育成する学校
総合芸術高校	1	音楽科・美術科・舞台表現科を設置する芸術高校
エンカレッジスクール	6	基礎・基本の徹底と体験学習を重視した学校
チャレンジスクール	5	不登校経験を有する生徒などを受け入れる総合学科の定時制高校
昼夜間定時制高校	6	さまざまな生徒の希望に対応した多様で弾力的な単位制高校
進学指導重点校	7	進学対策を推進し都立高校を牽引する役割を果たす高校
進学指導特別推進校	6	国公立・難関私立大学等への進学希望を実現させる学校
進学指導推進校	13	進学対策を進める都立高校
中高一貫教育校	10	人々の信頼を得てリーダーとなる人材を育成する学校

東京都教育委員会資料より作成

❺ チャレンジスクール

　全日制高等学校に入学したが，現行の教育環境や指導内容・方法では，自分の能力や適性を十分活かせず，不登校や中途退学する者もおり，そ

の数は増える傾向にあった。また，定時制課程に学ぶ生徒の多様化も進んでおり，それらの生徒の学習希望への対応も迫られていた。

東京都は，「都立高校に関する都民意識調査1996年（平成8年）」を実施し，定時制教育の改善点をまとめた。

① 他の高校からの転学や中途退学者の再入学を受け入れて，多様な生徒に対する指導を充実させる。
② 社会人が生涯学習の場として活用できるようにする。
③ 夜間だけでなく，昼間に定時制で学びたい人のために，昼間定時制を設置する。
④ 3年間，あるいは4年間で卒業することを自分で選ぶことのできる学校を増やす。

これらの提案を踏まえ，単位制の特性を活かした柔軟性のある新しいタイプの昼間定時制独立校として，チャレンジスクール［challenge school］を設置した。

定時制課程，午前部（8:30〜12:00），午後部（13:15〜16:45），夜間部（17:30〜21:15）の3部制である。

各部とも45分授業で4時間，2学期制にすることで生徒にとってゆとりのある学習が可能となる。また，単位制（無学年制）をとることによって，学年による教育課程の枠の設定や学年ごとの進級認定は行わず，卒業までに所定の単位を修得すれば卒業が認められる。

東京都では，世田谷地区チャレンジスクール「都立世田谷泉高等学校」が総合学科：生活・福祉系列，製作・技術系列，創作・表現系列（1年次相当各系列60名）を2001年度（平成13年度）に開設し，現在に至っている。

❻ エンカレッジスクール［encourage school］

エンカレッジとは「勇気付ける・励ます」という意味があり，東京都の新しい取組として2003年度（平成15年度）からスタートした学校である。

小・中学校時代には，能力をなかなか発揮できなかった生徒のやる気を育て，励まし，応援しながら，学校生活を充実させるための高校であ

る。

　発達障害や学習障害があり特別な配慮が必要な生徒の学び直しにも力を入れている。つまり従来の学校教育の学びのスタイルでは力を十分発揮できなかった生徒のやる気を育て，社会生活を送る上で必要な基礎学力を身に付けさせることを目的とし，全日制で普通科と工業学科の高校がある。エンカレッジ・スクールの特徴は，30分授業を取り入れたり，一人ひとりに目が届くよう1クラスを2人の担任で指導し，レベル別少人数授業を取り入れたり，また選択授業や体験学習を多く設けるとともに，生活指導にも力を入れている。2018年現在，東京都には，普通科系4校，工業系2校が設置されている。練馬工業高校は取組実績があり，新規に中野工業高校が指定されている。

❼ SSH・スクール［Super Science High school］（文部科学省指定事業）

　文部科学省では，将来の国際的な科学技術人材を育成することを目指し，理数教育に重点を置いた研究開発を行う「スーパーサイエンスハイスクール（SSH）」支援事業を行っている。

　高等学校及び中高一貫教育校における先進的な科学技術，理科・数学教育を通して，生徒の科学的能力及び技能を育み，科学的思考力，判断力及び表現力を培い，将来国際的に活躍し得る科学技術人材等の育成を図ることを目的としている。

　2002年度（平成14年度）の開始以後，スーパーサイエンスハイスクールに指定された学校（「SSH校」という）において，さまざまな取組が行われており，生徒の意欲向上や，卒業生の活躍などの成果が認められている。

　また，SSH校の生徒が一堂に集い，ともに研鑽を積む機会として，全国的な生徒研究発表会も開催されている。

　SSH校は，一般校に比べて，課題研究や探究活動に積極的に取り組むとともに，英語によるプレゼンテーション能力向上のための学習が行われている。また，こうした取組が生徒の理数への興味関心を高め，理数分野への進路選択に一定程度影響を及ぼし，SSH校における活動に

より培われた能力の高さは，国際的な自主研究発表会への参加実績からも評価されている。

2017年度（平成29年度）の新規指定校は，全国で77校が5年間の指定を受けた。

❽ SPH・スクール［Super Professional High school］（文部科学省指定事業）

近年の科学技術の進展等に伴い産業界で必要な専門知識や技術は高度化し，従来の産業分類を超えた複合的な産業が発展している。

これに対応するため，専門高校等において，大学・研究機関・企業等との連携の強化等により，社会の変化や産業の動向等に対応した，高度な知識・技能を身に付け，社会の第一線で活躍できる専門的職業人の育成を図る「スーパー・プロフェッショナル・ハイスクール」事業を文部科学省は2014年度（平成26年度）より実施している。

専攻科を含めた5年一貫のカリキュラムの研究や大学・研究機関等との連携など先進的な卓越した取組を行う専門高校等をスーパー・プロフェッショナル・ハイスクールに指定し，実践研究を行っている。

指定期間は，原則として3年（専攻科を含める場合は最長5年）を指定している。

(1) 熊本県立熊本工業高等学校の事例

研究主題　創造的復興をリードする災害対応型エンジニアの育成

「熊本地震から学ぶ産学官協働による災害に強い人材循環型学校・まちづくりの推進」事業を実施している。

(2) 石川県立工業高等学校の事例

研究主題　地域産業に活力を与える専門的職業人の育成

「生徒の伸びる姿を評価する手法の開発」

大学等と連携して，技術者としてのコミュニケーション力，思考力，創造力を培い，地域産業に活力を与える専門的職業人を育成する。

また，大学等で指導実績のある活動を参考とし，高校生が資質・能力を発揮しやすい学習活動を実施することで，生徒の伸びる姿を評価する手法を開発する。連携企業・大学等外部機関としては，金沢工業大学，

北陸先端科学技術大学院大学，金沢美術工芸大学，地元工房，金沢大学，金沢工業大学革新複合材料研究開発センター，東京大学先端科学技術研究センターなどがある。

第8節　工業高等学校活性化事業

　公益社団法人 全国工業高等学校長協会では，わが国の工業教育の普及振興に努めるとともに，工業教育の充実を図るため，資格付与に関わる検定試験の実施とその関連出版物を発刊したりして，わが国の産業の発展に役立つ工業教育の振興に関する事業を行っている。

❶ 工業教育振興事業

(1)　夏季講習会

　工業高等学校の教員を対象として，2016年度は，83講座，受講者定員1,409名のところ，76講座が開講し756名が受講した。受講者が多かった内容は，マイコン活用の講座であった。

(2)　工業高等学校生の海外派遣事業

　国際化時代を迎え，工業高等学校においても，国際感覚や英会話能力を身に付ける教育が求められており，その一環として1週間程度の海外派遣事業を実施している。2016年度は，ベトナム社会主義共和国に派遣し，学校視察と現地生徒との交流などを実施した。

(3)　全国工業教育指導者養成講習会の開催

　全国から優秀な教員を募集し，工業教育の指導教員の育成のため，1週間の研修を実施している。

(4)　調査・研究の実施

　「学校経営委員会」「進路対策委員会」「教育課程委員会」「入試対策委員会」は，全国の工業高等学校の実態把握と今日的課題について，悉皆調査によりまとめ，研究成果を発表している。

(5)　ジュニアマイスター顕彰制度

　工業高校生が取得した各種資格を点数化し，取得した点数の合計により顕彰する制度である。2001年度より始まり，その年の顕彰者は4,282

人であったが，2016年度の顕彰者は10,413人となり，全国の工業高校での資格取得指導の成果があらわれている。

(6) **各種資格・検定・標準テスト・基礎学力テストの実施**

資格取得への取組は，生徒に目的意識を持たせ，学科の専門性を深める意味からも重要で，工業教育活性化の柱の一つである。

① 検定試験内容

計算技術，機械製図，CAD，情報技術，パソコン利用技術，リスニング英語，グラフィックデザインなどの各種検定試験を行っている。

② 標準テストの実施科目

2016年度実施科目は，工業数理，機械，電気，化学，建築，土木，繊維，材料，設備である。

③ **基礎学力テスト実施科目**

工業数理，機械，建築，土木，設備である。

❷ 附属工業教育研究所

全国工業高等学校長協会の各種実施事業をバックアップして，工業教育の充実振興に寄与するとともに，調査研究を行い，協会機関誌「工業教育」に掲載し研究成果を公開している。

工業教育研究所は1991年（平成3年）に開設され，以降，精力的に活動を続けており，数々の研究成果を発表している。また，調査研究委員会への助言と協力，特設委員会への協力など，その実現に貢献をするなど工業教育の充実・振興に寄与している。研究所の事業としては，

① 高等学校における工業教育の研究に資するための実態調査に関すること。
② 高等学校における工業教育の啓発及び充実，振興のための研究に関すること。
③ 工業教育に係わる資料の収集及び整備並びに提供に関すること。
④ 全工協会々員の行う研修活動の援助に関すること。

などである。

第 5 章 教育実習

　職業には多くの種類があるが，これらの中で医師や弁護士は，特にその専門性が求められ，その職業に就くためには，必ず国家資格の取得を必要としている。

　教員という職業も，校種や教科に対応した国家資格である教員免許資格を必要としており，教員も同様に専門職として高度な専門性の資質が求められる職業である。

　そこで，教員の資格を規定している教育職員免許法第1条では，「教育職員の免許に関する基準を定め，教育職員の資質の保持と向上を図ることを目的とする」として，各種の規定を設けている。

　各大学で実施している教員免許取得のための教職課程講座は，文部科学省の教職課程認定審査を受けて，各種教員免許取得に必要な講座内容や教授陣に関する審査がなされた上で認定されているのである。

　そこで教員になるためには，大学の教職課程講座において，教育職員免許法で定められている各校種の教員の免許取得に必要な「教科及び教職に関する科目」等に関する所定の単位数を，在学中の4年間に取得するのが一般的である。

　なお，通信制の大学講座の受講で教員免許が取得できる制度も設けられているが，ここでは省略する。

▎第1節　教育実習への準備▎

　教育実習［teaching practice］は，学んできた教職科目の総仕上げのための科目であり，最終学年である4年時に学校現場に出向き，教育実習生として教壇に立ち授業実践に取り組み，教員としての職業を実体験する。

すなわち，教育実習は，大学での「教育実習の意義や心構え等を再確認する事前指導」及び「学校現場での実地体験を通じて，教員として必要な資質能力や適性を確認するために行われる学校現場での実習」及び「実習体験の反省を踏まえて飛躍の機会とする事後指導」で構成されている。
　教育実習は，教職科目の一つであるが，教員になるためには非常に重要な科目であり，必履修科目として設定されている。
　教育実習の単位数は，小・中学校の教員の場合は5単位以上，高等学校の場合は3単位以上が義務付けられている。
　教育実習の期間は，小・中学校の教員志望では4週間以上，高等学校の教員志望では2週間以上と決められている。
　そこで，教育実習を実体験することにより，「教員になろう」と確信を持って，教員を目指す飛躍の機会となるように全力で努力してほしい。

❶ 教育実習の重要性

　最近の，少子化による教員採用人数の減少は，教員採用試験を高倍率とし，ペーパー試験に強い学生が多く採用される傾向がみられ，実践的な指導力に乏しい教員が目立つとの指摘もある。
　そのような状況を打破し，より実践的な指導力を身に付けた優秀な人材を採用するために，各都道府県では教員採用の改善充実が図られてきている。
　教員は，採用試験に合格し，赴任先の学校が決まると，着任したその日から1人で教壇に立ち生徒を指導する仕事が始まるといえる。
　その新任教員にとっては，経験豊かなベテラン教員から学ぶべき事柄も多くあり，授業を担当し生徒指導もしながら，1年間の初任者研修が義務付けられている。
　具体的には，校内では，指導教諭による日常的な指導を受けながら，校外では教育委員会の初任者研修会を毎回受講して，所定の成果を修めることにより次年度から正式採用となる。
　そこで新任教員は，指導教諭の助力のもと，採用と同時に日々教育上の困難な多くの課題に直面しながら，学校教育活動の課題を受け止め，

適切に対応し指導できる資質や力量を身に付ける必要がある。

　そのためには，大学時代に学校現場での教育指導を体験する教育実習を充実させることが強く求められている。

　教員免許状が「教育職員免許法」という法律で規定されている理由は，力量のない教員に教えられると生徒自身には責任がないにもかかわらず，人間としての成長発達が阻害されかねないからであり，教員として必要な資質と能力を身に付けている者が採用される必要がある。

　教育の仕事は，次世代を担う生徒を指導するという大切な任務を持っており，人類が営々と築いてきた文化を次世代へ伝え，さらに新しい文化の創造を図る重要な役割を担っている。

　また教育職員免許法は，このような時代の要請を受けて変化してきており，使命感や得意分野や豊かな個性を持ちつつ，教育現場のさまざまな課題に柔軟に対応できる力量のある教員の育成をねらいとして，教育実習の充実が図られてきている。

❷ 教育実習に臨む姿勢

　教育実習は，実習校での教育活動を実体験することを通して，自分自身の教員としての適性や力量を知り，将来の教員としての課題を明らかにする重要な役割がある。

　その目標としては，次のことがあげられる。
① 　大学で学んだ教職の専門的知識や技能を活用し，実習校における教育実践を通して教員として望ましい資質や力量を理解し，実践的な指導力を身に付ける。
② 　教育実習期間における多様な教育活動を実体験することにより，教育現場での課題を理解し，その課題を解決する能力や態度を身に付ける。

　実習生を受け入れる各学校では，卒業生だからといって，実習生を引き受けることは，指導教諭の負担とともに，各教科の授業計画に遅れが生じたりする場合もあり，実習生を引き受けたがらない学校が多くなっているという実情も理解しておく必要がある。

　教育実習生を受け入れている学校にとっては，毎時間の授業は取り返

しのできない貴重な授業時間であり実習生はその貴重な授業時間に未熟な学習指導をすることで，生徒達に迷惑をかけることになるから，十分な授業準備をして，迷惑が最小限になるように，全力で教育実習生としての責任を果たす必要がある。

ところで，教員の資質能力とは何か。いろいろな議論があるが，「望ましい教師像」について東京都教育委員会は次の4項目とその具体例を示している。

① 教育に対する熱意と使命感をもつ教師
 ・子供に対する深い愛情　・教育者としての責任感と誇り
 ・高い倫理観と社会的常識
② 豊かな人間性と思いやりのある教師
 ・温かい心，柔軟な発想や思考
 ・幅広いコミュニケーション能力
③ 子供のよさや可能性を引き出し伸ばすことができる教師
 ・一人一人のよさや可能性を見抜く力
 ・教科等に関する高い指導力
 ・自己研鑽に励む力
④ 組織人としての責任感，協調性を有し，互いに高め合う教師
 ・より高い目標にチャレンジする意欲
 ・若手教員を育てる力
 ・経営参加への意欲

ここには教育への情熱や使命感，教育的愛情といった，いつの時代にも求められる資質能力に加えて，これからの教員に求められる，豊かな人間性，課題解決能力やチームとして協力し合い指導する人間関係に関わる資質能力及び生徒理解・生徒指導の専門性などがあげられている。これらの教員に求められる資質能力は，東京都に限らず，ほぼ全国的に共通しているものであり，これらの視点を踏まえて教育実習に臨むとよい。

各大学においては，教職科目の講座や教育実習事前指導や教育実習の手引きなどを通して，事前に教育実習のための情報を提供しているので，教育実習の意義をしっかり理解した上で，教育実習に臨む望ましい態度

を身に付けておく必要がある。

❸ 教育実習で学ぶこと

　教員に生徒や保護者が期待するのは，教育的情熱にあふれる人間味のある先生方であり，一人ひとりの先生方の教育愛こそが生徒の心を動かし，成長させるのである。

　学校現場での教員は，想定外の課題に次々に遭遇する。その課題とどう向き合い解決するか日々適切な判断を迫られる。

　このように教育実習での体験は，机上のマニュアルが通用しない，実習生一人ひとりの全人格を傾けた実体験なのである。

　だから，今から教育実習に向けて心の準備が大切になってくる。自分はなぜ教員になりたいのか，どんな教員になりたいのか，自分らしさをどうあらわすかを自問し，意識し，行動してほしい。

　同時に，以下に述べる教育実習の意義，実習に臨む基本姿勢や留意点を身に付けておくとよい。
① 学校の教育活動の全体像を把握し理解しておく。
② 教員として基本となる資質や使命を理解しておく。
③ 教員の勤務形態や服務について理解しておく。
④ 教育指導に関する指導方法や評価手法を理解しておく。

　ところで，教育実習では，本来指導教諭が行うべき授業を，免許のない教育実習生が代わって行うことになる。

　その授業での責任は，教育実習生にとどまらず，指導教諭はもちろん学校全体に及ぶということを十分心得て教育実習に取り組む責任がある。

　現在の学校現場で働く教員に求められている力は何か，東京都の事例を紹介する。

　社会状況の変化に伴い，保護者や地域から学校に求められる期待度も，その内容も大きく広がりを持ってきているとし，第1のニーズは，「学校の教育力の向上」，第2のニーズは，「今日的な課題への対応力」であるとしている。

　これらの課題に対応していくためには，学校を支える一人ひとりの教

員は，次の基本的な力を身に付ける必要があるとしている。

児童・生徒の学力向上，規範意識の醸成など，児童・生徒に対する教育指導力に関しては，「① 学習指導力，② 生活指導力，③ 進路指導力」があげられている。

子供の変化への対応としては，「指導方法の工夫・改善・変革」が求められている。

また，今日的な課題への対応としては，「① 外部との連携・折衝力，② 学校運営力と組織貢献力」があげられ，保護者や外部機関との連携協働する力及び学校全体として組織的に取り組む力が求められている。

❹ 教育実習での授業実践

教員に採用されれば，勤務日の初日から教壇に立ち，一人前の教員として仕事をすることになる。そこで教育実習では，教育の実務を体験し，生徒を教える立場を実体験を通して体得するのである。

教育実習期間中，学習指導のための準備をし，実際に教壇に立ち，生徒を指導し，指導後にはその評価や反省をして，次にはさらによい授業ができるように工夫・改善し，教員としての力量を高めていくのである。教育実習期間に，経験豊かな学校現場の指導教諭から直接指導を受けることは，教員として身に付けるべきことを学ぶ上で，最も効率的で有効な方法である。また，教育実習を通して生徒とともに学んだり，ともに語り合ったり，部活動で汗を流すことで，教員の素晴らしさを実感し，教育の意義を身をもって体得できるのである。

教育実習生として実習期間中に授業に関して体験する内容は，授業観察，授業参加，研究授業などである。

① 授業観察

教育実習生が指導教諭等が行う実際の授業等を見学することで，指導方法などを理解したり，一人ひとりの生徒理解に基づく個別指導の方法などについて学ぶ。

② 授業参加

指導教諭の授業や授業準備を補助しながら，授業での助手的な機能を実体験する。

③ 研究授業

　教育実習のまとめとなる授業実践のことで，多くの先生方に実習生としての授業実践を見てもらい，その後の反省会などで実践結果の課題を指摘されたり，改善指導を受けるもので，教員としての力量や適性が評価される。

　しかし，教員としての使命や力量は，短期間の教育実習で簡単に身に付くものでなく，教育実習期間での生徒達との関わりを通して，教員の素晴らしさを実体験し，必ずよい教員になるという自覚を持って大学に戻り，反省点を踏まえて自己変革することが求められる。

❺ 教育実習生の勤務形態

　教育実習生は，実習校の教員の勤務に準じて仕事をすることになり，あらゆる場面で指導教諭の指示を得て先生方と同様に勤務する。

(1) **勤務形態**
① 実習生の勤務形態は実習校の勤務形態に準ずる。
② 出勤は，始業30分前とし，出勤時に実習生用の出勤簿に捺印する。
③ 退校時には，実習日誌等を提出し，必ず指導教諭の指示を受ける。
④ 実習期間中は欠勤したり，遅刻したり，早退したりしない。
　　放課後でも，無断で外出しない。
　　教育実習期間中の就職活動はできないし，厳禁である。
⑤ 校内では，実習校の規則に従い，教員の一員として自覚ある行動をとる。

(2) **教育活動**
① 校務，学級経営，クラブ活動などに参加する場合は，指導教諭の許可や指導を受けて行う。
② 実習生控え室や使用教室，実験実習室の管理に万全を期し，事故のないようにする。
③ 校具などの備品や設備はていねいに使用し，使用後は所定の場所に返却する。

(3) **その他**
① 未成年を指導する立場から全日禁煙である。

❻ 教育実習の準備と手続き

⑴　教育実習校の決定までの手続（一般的に3年時の対応）

　所属大学の指導教官や教職課程の事務担当者と連携して，実習依頼校を決定する。

　原則的には，出身校や附属校に受け入れを依頼する場合が多いが，出身の都道府県により多少手続きが異なるので，教職担当の指示に従うこと。

　教育実習実施の1年前の4～5月頃（3年時）に依頼するのが一般的であるので，大学からの依頼状を持参して，教育実習依頼校へ出向く必要がある。

　その場合，事前に教頭（副校長）に電話してアポイント［appointment］をとって出掛けること。

　教育実習を依頼する出身校に，恩師が在校していれば依頼しやすいが，一般的には担任等の先生は異動してしまい，知り合いの先生がいない場合が多く，自ら足を運んで礼をつくし，真摯な態度で依頼することが大切である。

　訪問にあたり，初対面での対応が大切となるので，企業面接に臨む姿勢で，服装，頭髪，言葉づかいなど，教員にふさわしい対応ができるように準備して，学校訪問する必要があり，そのときの対応が悪ければ受け入れて頂けないことになる。

　教育実習に臨むための基本姿勢と留意点としては，実習校に依頼する時点から，「**絶対に教職につく**」という心構えでの対応が必要である。

　教育実習は，受け入れる学校にとって歓迎されないが，それでも将来の教育を担う有望な学生たちに教員として育成の機会を与えて，後進の指導に貢献しようとされている各学校の厚意と熱意に対して，何より感謝の気持ちを忘れてはならない。

　受け入れ校は，受り入れたからには，実習生が一人前の教員として成長できるよう全力で指導してくれる。指導を受ける実習生は，それに応えて絶対に教職につくという心構えを常に持ち続け，教育実習校に依頼する時点からこの心構えで臨んでほしい。

　この実習校訪問時には，実習受け入れ希望日時を申し出て，該当校の

都合で受け入れ日が希望通りにならない場合は、実習生側で変更できるように準備しておき、受け入れ校の指定する実習期間に合わせる必要がある。

　教育実習日程や指導担当教員が確定したら、大学の教職課程の事務担当者に届け出て、大学から正式な依頼状を出してもらう手続きをする。

　最初の打ち合わせ事項としては、実習日時と期間、担当教科、科目、指導教員名、勤務時間と勤務上のきまりなどについて聞き取り、記録する。

　以上は、教育実習1年前に対応することである。

(2) **教育実習校への4年時の対応**

　教育実習に臨む年度(4年時)に入ったら、実習期間の2カ月前までに、当該校に電話して、事前打ち合わせのためのアポイントをとる。

　打ち合わせの日には、教頭(副校長)や指導教員に会い、実習で必要となる担当教科・科目、使用教科書・副教材、担当するクラス、勤務のきまりなどについて聞き取り、指示を受ける。

① 教育実習で担当する科目や範囲が事前にわかれば、教材研究を十分に行い、「指導用ノート」を作成しておく。

② 実習期間中は、緊張し、気疲れするので、体調を整え、自信を持って教育実習に臨めるよう、十分に事前準備をしておく。

③ 日常から言葉づかいにも気を付けて、誤字がないよう、また板書する漢字の書き順などにも気配りができるようにする。また大きい声で、はっきりした話し方ができるよう、発声練習をしておくとよい。

④ 大学の事前指導の中で、模擬授業などを体験することも効果的である。

(3) **教育実習期間中の配慮事項**

　教育実習生は、生徒にとっては先生であり、甘えは許されず、微力ながらも誠意を持って生徒と接し、全力で指導する姿勢が大切である。

　一般的なことについては、社会人としての常識を逸脱しないように配慮すれば、特に心配することはない。

　校門で遅刻指導などをしていたら、許可を得て、一緒に立たせてもらい「注意の仕方」などを体得したい。

出勤時の朝の挨拶は、元気よく笑顔で対応する。廊下ですれ違った時などの教職員への会釈も忘れずにする。

担当したホームルームの生徒の名前と顔が一致するように努力する。

ホームルーム担任のホームルームの進め方、個別生徒への指導の仕方、学級日誌の記入指導などもよく観察し、実際の実習に活かしていくとよい。また、昼休み時間などに、生徒の問題行動などに遭遇した場合は、独断で判断しないで、関係の先生にすぐに報告・連絡し、指示を受ける。

(4) 教科指導［subject guidance］のポイント

教育実習の中心は、やはり教科・科目の学習指導であり、事前に教材研究や生徒理解に努めて、工夫した授業を展開する。

一般に授業は、教員主導の講義中心になりがちなので、生徒参加型の授業になるように工夫し、発表や討論形式や班学習などを適時に活用して、生徒に発言の機会を多く与える授業を実践したい。

必要に応じて、プリントを用意したり、パソコンやプロジェクタなどのマルチメディア教育機器などを有効に活用する。

① 研究授業の実施にあたっては、その科目の前時間の授業を参考として、指導クラスの生徒理解をもとに当日の学習指導案を作成する。

学習指導案の作成にあたっては、指導教員の指導を受けながら、一人ひとりの生徒に配慮し、自ら工夫した指導案を作成する。

研究授業では、指導内容が多すぎると時間が不足し、まとめも不十分となり大切な内容を伝えられなくなってしまうことになるので、生徒の理解の程度に応じ、指導内容を十分精選した指導案とする。

授業の展開にあたっては、生徒に教員の背中を見せることはできるだけ避けるように配慮し、板書事項なども事前にまとめて整理し、指導ノートに記入しておくと安心して授業展開ができる。

② 研究授業の反省会には、見学してくれた教員が参加して、気が付いた点などについて指導助言をしてくれるので、自分としてのできばえと感想を素直に述べ、謙虚に指導に従う前向きな姿勢が大切である。指導された事項は、必ず記録する。

③ 教育実習記録簿は、毎日その日に整理し、指導教員に提出して指導を受けること。一日の終わりにまとめようとしてもいろいろな仕事に

追われて忘れることも起こるので，記録ノートを常に携帯し，その時々の要点をメモし，それを見ながら実習記録簿を作成する。

実習期間中は，学校でのあらゆる場面が勉強の機会である。授業の実習だけが勉強なのではなく，先生方の授業は許可をいただいて数多く参観し，授業の進め方，教材の工夫，生徒への発問の仕方などを可能な限り吸収する。また実習生相互の授業見学も行うようにし，授業後必ず講評を述べ合う機会をつくる。そのなかで，気が付いた点，参考にすべき点，反省点，自分の感想・意見などは必ず実習記録簿にメモする。

(5) 教育実習終了後の対応

お世話になった実習校の校長，教頭（副校長），指導教員などへの礼状を出すこと。そのとき，「教員になりたい」との自分の意志をはっきり伝えること。

さらに，大学でお世話になった教職員の方々にも教育実習の成果の報告をすること。

① 教育実習校から返却された教育実習記録簿は点検して，指導教員や校長の捺印を確認した上で，大学の教職担当者に提出する。
② 実習中に知った教職員や生徒の個人情報に関することなどは，実習が終わったからといって他人に漏らすことは絶対に許されない。つまり実習生でも，教員としての「秘守義務」を果たす責任がある。
③ 生徒と親しくなったからといって，実習後も個人的なアドレスの交換などや交際などは厳禁である。
④ 教育実習受け入れ校と大学の関係は今後も続くので，自分との関わりだけを考えることは許されず，今後も後輩の学生たちがお世話になることを考え，受け入れ校から「また君の大学の教育実習生を送ってください」と言われるように，振る舞う責任がある。

第2節　生徒理解に基づく学習指導法

従来からの一斉学習指導について極端に言えば，教員が学習内容を生徒たちに教え込むという一方向の学習指導法［teaching method］が多

く用いられてきた。
　この手法では，理解力ある生徒達に知識を伝達するには効率的な手法であるが，一部の生徒たちには退屈な授業時間となる。
　そこで教員は，一斉学習指導にあたっては，クラスの生徒一人ひとりの生徒理解［student understanding］を踏まえた上で，すべての生徒が興味関心を持って，主体的に授業に関わり，生徒同士の学び合いにより，生徒一人ひとりにとって充実した授業となるように工夫し指導する。

❶ 教科指導での基礎・基本
　学校教育は，生徒の発達段階に応じて，生涯にわたり学習する基盤が培われるように，「基礎的な知識及び技能」を習得させるとともに，これらを活用して課題を解決するために必要な「思考力，判断力，表現力」及び「自ら学ぶ意欲と社会の変化に主体的に対応できる能力」の育成が求められている。
　学習指導要領に示されている各事項は，教科・領域の必要で最小限の内容が記述されており，これらの内容は基礎・基本であり，すべての生徒に習得させられるように指導する必要がある。
　しかし，すべての生徒にこれらの指導内容をどのように習得させていくかは容易なことではない。
　基礎・基本の習得となると，すぐに無理やりに教え込むという受けとめではなく，生徒自身が主体となって，基礎・基本に向かい合い，生徒自身の学ぶ意欲を喚起し，生徒の生活に即していくように環境を整えたり，教材を準備したり，指導過程を創意工夫することが求められる。
　つまり，毎時の学習指導案は，この趣旨に沿って準備しなければならない。

❷「学び合い」の授業展開と教員の役割
　学習指導における生徒理解は，「一人ひとりの生徒の学習場面への適応をいかに図るか」と「一人ひとりの生徒の意欲的な学習を促し，各科目等のねらいの達成や将来の進路の保障につなげる」などの視点で，生徒たちの個別指導の充実に取り組む必要がある。

このことは，すべての生徒に「わかる授業」を実感させ，社会的に自己実現につながる力の育成に発展させることができる。
　また，学習環境におけるよい友達関係は，学ぶ意欲やよりよい生活態度を支える基盤となる。クラス内での居場所づくりやよい人間関係づくりにより，主体的な学び合いの授業環境がつくられて，クラス全体の学力向上が期待できる。
　このような生徒同士の学び合いを促進する授業づくりは，クラス全体やグループでの「対話」を促進し，お互いの学びやつながりを深めていく授業でもある。
　このような授業では，教員は「教える」のではなく，生徒の「学び合いを促進する」役に徹し，すべての生徒に居場所ができ，生徒同士の助け合いや高め合う人間関係づくりが促進される授業が期待できる。
　このように学び合いの授業は，やがて深い学び合いとなり，学校生活のあらゆる場面で生徒同士の協力や連携にもつながっていくのである。

❸ 学習指導案の作成準備

　各学校は，教育目標を達成させるために教育課程を組み，各学科の目標を定め，各教科・科目もそれらの目標に沿って年間指導計画がつくられている。
　教育実習生が行う研究授業［research lesson］も，各科目の年間指導計画に沿って，決められている授業計画の一部分を担当することになる。
　研究授業を実践するためには，その年間指導計画に沿って，1時間ごとの学習指導案［lesson plan］を作成する必要がある。
　一般的に授業は，生徒・教材・教員の3者が一体となって成り立ち，教員がよい授業を行うためには，授業を受ける生徒一人ひとりの実態をよく理解し，その生徒理解に基づき，実態に合った授業展開ができるように教材を準備しておく必要がある。
　しかし，数週間の教育実習で，教壇に立ち，指導教諭のような授業を展開しようと思っても無理である。研究授業に向けて精一杯準備し，よい授業をしようと努力した姿勢を，生徒たちと先生方に認めてもらえるように頑張る必要がある。その姿勢が大切なのである。

(1) 学習指導案作成の要点

　年間指導計画の流れの中で，本時の授業の位置付けをしっかり把握する。本時の事前と事後の授業内容もよく把握し，本時の位置付けを確認する。

① 担当クラスの生徒理解に努める

　指導教材の準備が完璧になされていたとしても，担当クラスの生徒の実態を正しく把握していなければ，よい授業を展開することはできない。

　事前に，担当クラスの生徒の顔と名前が覚えられていれば，指名して指導できるので，生徒達の授業への参加意識は俄然高まるものである。

　一斉授業時間でも，できるだけ班別学習なども取り入れ，生徒一人ひとりの活動の場や生徒同士の学びの場を設定するなどの工夫も必要である。

② 本時の指導目標を理解する

　学習指導案をつくるためには，担当する単元の目標をよく理解し，本時の指導内容の位置付けを，前の授業内容及び次の授業内容もよく理解した上で，本時の授業展開を構想する必要がある。

　具体的には，使用教科書の「指導書」などを参考として，教科書の内容をよく理解した上で，この授業で何をどのような展開で指導し，その内容のどこを理解させ，何を身に付けさせるかを確定しておくこと。

(2) 教材研究の要点

　授業は，主たる教材である教科書［textbook］の内容をしっかり理解させることが基本となる。しかし，教科書中心の授業は，生徒にとっては単調な感じになることもある。そこで，指導内容に関連する幅広い範囲からよい教材を探したり，教育機器を活用する場面を工夫するなど，事前に十分な教材研究［research on teaching material］を行う。

　関連する知識や発展的内容についての資料は，プリントして配布し，理解を深めさせるとよい。

① 検定教科書の内容を理解する

　指導目標の達成には，主たる教材である検定教科書を有効に活用する必要がある。そこで，教員は事前に教科書の内容を十分に理解した上で，関連する知識や技術についての関連資料も収集し，発展的内容が必

要な展開場面では，生徒の興味関心を高める情報として提供することは有意義である。

② 指導内容の選択

一般的に教員は，指導熱心なあまり，生徒の実態を忘れて，あれもこれも教えようと，指導内容を多くしすぎる傾向がある。

授業の主体はあくまで生徒であり，生徒の実態に合った指導内容や指導展開に努める必要がある。

教材研究で得られた指導内容と指導方法は，対象生徒の実態と本時の授業の目標を踏まえて，どんな内容をどの順序で展開し，どこで質問し，どこで課題に取り組ませるかなどを踏まえて，適切な授業設計を立案する必要がある。

③ 研究授業への対応

教育実習での研究授業［research lesson］は，ほとんどが座学の授業であり，検定教科書を使った授業の場合が多い。

実習生が担当する工業高等学校の専門学科は，実習生の大学の専攻に関連する学科に配属されるので，受け入れ時に自分の専門をはっきり伝えて，配属される専門学科を確認しておくことが必要である。

受け入れ側も，学生が機械工学専攻なら機械科に配属し，電気工学専攻なら電気科に配属させてくれる。

研究授業は，大学の専攻に関係した座学の専門科目の授業が割り当てられるので，事前に指導教諭の授業を参観して，研究授業の準備をする必要がある。

工業科の実習時間の授業は，1クラスの生徒が10人前後の数班に分かれ，それぞれ別々の学習課題の実習に取り組んでいる場合が多く，実習生は見学を兼ねて助手として指導体験をさせてもらえる事例もある。

実習指導に備えて，大学で使用している実習着でよいから，洗濯してきれいにした実習着を持参する必要がある。

❹ 学習指導案の作成

学習指導案は，それぞれの学校や教科によって形式は異なるが，一般的には，(1) 単元・題材名，(2) 単元・題材の目標，(3) 単元・題材の

評価規準，(4) 指導観「① 単元・題材観，② 生徒観，③ 教材観」，(5) 年間指導計画における位置付け，(6) 単元（題材）の指導計画と評価計画，(7) 指導にあたっての配慮事項，(8) 本時の使用教材・副教材，(9) 展開手法などが記載される。

　本時の学習指導案は，年間の授業計画の全体の流れの中で，どの位置付けなのか明確に表記することが求められる。

　具体的には，学習指導案の形式は，各学校で資料化されているので，実習校の指導教諭に指示された形式で作成すればよい。

　研究授業の事前準備は，生徒理解とクラスの実態を踏まえた上で，授業展開の流れを構想し，授業のシナリオを作成するとよい。

　そのためには，研究授業ノートなどを準備し，授業の流れに沿って，話すこと，板書すること，質問することなどをきちんと事前準備する。

❺ 教員を目指す決意

　教育実習は，2～4週間と短期間であるが，教員としての立場から，学校教育の実情を正しく理解し，教員の仕事の意義と大変さを併せて学ぶ場である。つまり，教育実習という教員としての実体験を踏まえて，学校教育でしか実現できない人づくりの意義を理解し，実感して，自分も教員になるのだとの固い決意をしてほしい。

　その上で，大学で学んだ専門知識や技術を活かし，教育実習で身に付けた教員として必要な資質や行動力を一層高め，実践的な指導力を身に付けるように努力してほしい。

　いうまでもないが，教職の素晴らしさは，人間を対象としているところであり，教育は常に生徒と教員との「心の触れ合い」をもとに営まれている。教員の真価は，生徒に裏切られたと思う場面での対応にかかっており，その基本は生徒もどこまでも信頼し続ける教員の忍耐と姿勢にかかっている。

○○○学習指導案

　　　　　　　　　　　　　　　　　日　時
　　　　　　　　　　　　　　　　　第○校時
　　　　　　　　　　　　　　　　　対象　第　学年　組
　　　　　　　　　　　　　　　　　指導者　職　氏名
　　　　　　　　　　　　　　　　　会場　階　○○教室

1．単元（題材）名　科目名・教科書・副教材等
2．単元（題材）の目標
　学習指導要領に基づき，生徒に身に付けさせたい力等を具体的に記述する
3．単元（題材）の3観点評価規準

知識・技能	思考・判断・表現	学びに向かう力，人間性等
何を知っているか何ができるか	自らの考えをまとめ発表できる	学習内容に対する主体的な関心・意欲・態度等を示す

　単元（題材）の目標に沿って，「おおむね満足できる」状況を観点別に具体的な生徒の姿として表記する。評価の観点は，当然教科・科目によって異なる。

4．指導観
　(1) 単元（題材）観
　　学習指導要領の位置付けや重点を置く指導事項等を表記する。
　(2) 生徒観
　　本題材の学習内容に関する既習事項の定着状況や学習上の課題を記述する。
　(3) 教材観
　　単元や生徒観との関連に触れながら，教材に対する考え方を記述する。
5．年間指導計画に関する位置付け
　題材の学習内容に関する，本時の前後の学習内容を記述する。
6．単元の指導計画と評価計画（○○○時間扱い）

時	目標	学習内容・学習活動	評価規準（評価方法）
第1校時			調べや発表の様子の観察
第○校時	本時の目標		
第x校時			
第y校時			

（評価の方法は，1時間の授業の中では，1から2項目の評価項目とし，焦点化する。授業中の観察とともに，ノートや作品等の評価を適時に組み合わせて行う。）

7．指導にあたって
　授業形態の工夫や指導方法等について，工夫・改善した事項や配慮事項等を表記する。

図5-2-1　学習指導案の形式の一例 No.1

8．本時　全〇〇時間中の第〇〇校時
　(1)　本時の目標
　　　生徒にどのような力を身に付けさせるか記述する。生徒の立場で記述する。
　(2)　本時の展開

時間	学習内容・学習活動	指導上の留意点・配慮事項	評価規準(評価方法)
導入 〇分	本時の目標を把握し、学習の見通しを持つ。	板書で目標を明示する。 課題意識を持たせる。	
展開 〇分	学習の流れと学習内容を記述する。 主体的・対話的で深い学びの実現を図る。 学習内容の記述。 〇〇を理解する。 〇〇について意見交換する。 自分の考えをまとめる。	具体的な指導や工夫を記述。 課題達成の指導の工夫等について記述する。 教師の指示や説明を記述。 授業中の評価で、評価規準に達していない生徒の対応を記述する。 指導上の留意点を記述する。 〇〇の視点で助言する。 学習のまとめをする。	効果的な評価をするための評価規準を明確に記述する。 評価するポイントを記述する。 生徒の変容をどの手段で把握するか明記する。
まとめ 〇分	本時の学習をふりかえりまとめる。 次の時間の見通しを持つ。	本時の目標達成の状況を確認する。 次の授業への見通しを持たせる。	授業中の観察記録。 ノートやワークシートの活用。

　(3)　板書計画
　　　本時の目標を表記する。
　　　学習の流れがよくわかるように記述する。
　　　丁寧な表記に心掛ける。
　(4)　授業観察の視点
　　　授業改善に向けて、観察視点や協議してほしい点などを記述する。
　　　　目　　標　　　　　本時の目標が達成できたか。
　　　　展　　開　　　　　主体的・対話的で深い学びの実現が図られていたか。
　　　　指導上の留意点　　指導上の工夫がみられたか。
　　　　評　　価　　　　　評価項目や評価方法は適切であったか。

図5-2-2　学習指導案の形式の一例 No.2

第3節　よい授業の指導技術

　よい授業の展開は，生徒理解に基づいて，指導内容の場面場面で，効果的な指導技術［teaching skills］を活用できる資質を身に付けておく必要がある。

　指導技術は，教員の経験年数が長くなれば自然に身に付くというものではなく，日々の授業実践を常に振り返りながら，他の教員の授業を参考にしたり，対外的な研修の場に計画的に参加して，主体的に学ぶ姿勢を身に付け，自分の授業改善に継続的に活かすことが大切である。

❶ 指導技術の事例

(1) 教員としての姿勢

　授業技術の前提として，教員として日頃の態度や行動について，絶えず自分自身を振り返り，生徒や保護者から信頼され，期待される教員を目指す。

　その信頼を得るためには，生徒一人ひとりに対して，生徒理解に基づき公平に接し，一人の人間として尊重しながら，生徒理解に努めているか，常に自問自答する姿勢を身に付ける。

　さらに日頃から家庭との連携に努めながら保護者への対応にも配慮し，授業以外の場面でも，生徒とのよりよい人間関係づくりに努める必要がある。

(2) 教員の心配り

　授業展開の中での教員の言葉づかいや表情や身振り手振りなどの動きは，一人ひとりの生徒の集中力や理解力を高める一つの手段として有効である。また，授業中は，すべての生徒に目配りしながら，遅れがちな生徒達への発問や助力により意欲的に授業参加させる対応が求められる。

(3) 叱り方

　生徒を叱るときは，「感情的になって怒る」のではなく，生徒が教員に叱られても，「愛情」と受け止められるような叱り方を身に付けるこ

とが大切である。

　例えば，「他の生徒に迷惑だから」という叱り方は，目の前の生徒でなく，他の生徒を優先する叱り方である。望ましい叱り方は，「君の将来のために許せない」という，目の前にいる生徒を最も大切にする姿勢である叱り方であり，生徒はこのような教員の姿勢に共感するのである。

(4)　「間違える」や「わからない」生徒を大切にする

　「わからない」とか「間違える」生徒の気持ちをくみ取り，君の努力により理解できれば，「飛躍のチャンスとなる」との前向きな捉え方で生徒に対応する指導技術が教員に求められる。

(5)　班学習の活用

　一斉指導においては，学習課題に応じて，適時適切に班学習を設定し，ともに学び，ともに高め合う学習場面を設定するとよい。

　そのための前提条件としては，事前に各班の構成員は決めておき，仲間を大切にしながら指導できるリーダー的な生徒を各班に配置し，リーダーの司会で班員の全員が意欲的に話し合える体制づくりを前もって考えておく対応が必要である。

(6)　初任者は謙虚で向上心を身に付けよう

　新人教員は，ベテラン教員と比較すれば，指導技術が劣るのは当たり前である。しかし，常に明るく生徒に接し，間違ったら素直に謝り，積極的に教員自らも学ぶ姿勢を堅持し，何事にも意欲的に取り組む姿勢で対応する。

(7)　板書計画

　板書は，学習内容を生徒達に理解させ，定着させるために重要な手段であり，指導案の構想には板書計画は必須である。

　板書計画にあっては，黒板を2つに分けて，左側から横書きで導入部分の要点を表示する。必要に応じて，色チョークも活用する（国語等の縦書きの場合は右側から書く）。

　続いて，右側の黒板に書くが，本時のまとめが板書上で残るように板書計画ができれば望ましい。板書の内容が多く，一部分消す必要があるときは，まとめのときに「板書事項」を活用できるように，本時のねら

いや目標の場所は消さないで残しておく，板書計画が求められる。

(8) **授業展開での座席表の活用**

各授業時間に，先生方が活用する生徒の顔と名前を一致させるための座席表に類似した表で，教科担任が毎時間の担当する授業展開において，授業中の生徒の活動の様子を，氏名欄の横にメモする表を用意する。

この表は，授業中に3観点別評価等で，特質ある生徒の活動記録をメモとして残すために役立ち，授業後の個別評価等の整理時に役立つので，活用するとよい。

(9) **机間指導［between the desk guidance］の要点**

座学の一斉授業において，個々の生徒に課題や作業を与え，個々の生徒がどのように課題に取り組んでいるかを把握するために，座席の間を巡回しながら個々の生徒を指導することを机間指導という。

個々の生徒の学習状況や理解状況を観察する上で役立つ手法の一つである。

危険を伴う実習指導においては，教員は細心の注意を払って個々の生徒の作業の様子を観察し，正しい手順で作業を進めているかを確認しなければならない。この際，個別的に生徒に声をかけ，励ますことによって，意欲的な取組になるようにすることも重要な指導法の一つである。

❷ 新採教員仲間との連携

新採教員は，指導教員による校内研修と併行して，校外での教育委員会主催の新採教員研修が1年間計画的に進められる。

そこでは，同じ校種の教員同士の研修の機会が多く設定されるので，同期の仲間として，学校の様子やお互いの悩みなどを情報交換し，励まし合うなどの機会を持つことが大切となる。

また研修期間終了後も，折を見て，同期で集まり情報交換し，お互いの教員としての資質の向上に役立てる機会を設けるとよい。

そのためには，研修中にお互いの意思疎通が図れるように心掛けておく必要がある。

第4節　学習評価と3観点別評価

　学習評価［evaluation of learning］は，学校における教育活動に関し，生徒たちの学習状況を評価するものである。生徒たちにどういった力が身に付いたかという学習の成果を的確に捉えると同時に，教員自らは指導手法の課題を把握し改善を図るとともに，生徒たち自身には，自らの学びを振り返らせて，次の学びに発展させる姿勢を身に付けさせる学習評価の在り方が重要である。

　教員は，生徒たちの学習状況を適切に評価するために，毎時間の授業のねらいをどこまでどのように達成したかだけではなく，生徒一人ひとりが，前の学びからどのように成長しているか，より深い学びに向かっているかを捉えていくことが必要である。

　さらに学習評価については，生徒の学びの評価にとどまらず，「カリキュラム・マネジメント」の視点で，教育課程や学習指導方法の評価と結び付け，授業改善及び組織運営の改善に向けた学校教育全体の評価に結び付けることが求められている。

❶ 3観点別評価

　すべての教科について，学習状況を分析的に捉える「観点別学習状況の評価」と，総括的に捉える「評定」とを，学習指導要領に定める目標に準拠した評価として実施することが明確にされている。

　2018年度改訂以前は，「関心・意欲・態度」「思考・判断・表現」「技能」「知識・理解」の4観点が設定されていたが，2017及び2018年の改訂により，「知識・技能」「思考力・判断力・表現力等」「学びに向かう力，人間性等」の3観点別評価規準となった。

　なお，観点別学習状況の評価では十分示しきれない，生徒一人ひとりのよい点や可能性，進歩の状況などについては，日々の教育活動や総合所見等を通じて積極的に生徒に伝えることが求められている。

　これらの観点については，毎回の授業ですべてを見取るのではなく，単元や題材を通じたまとまりの中で，学習指導内容と評価の場面を適切

に組み立てていくことが重要である。

一般的な学習評価は，個々の生徒の学習成果を教員が把握するために行うが，同時に教員自身の指導実践の反省資料ともなる。つまり，指導した内容について「生徒の理解度及び技術・技能の定着度」などを把握し，「指導方法の改善・充実」の資料として活用するのである。

❷ 学習評価の留意点

教員は，各教科・科目の評価規準を作成する場合，学習指導要領を手掛かりに，教科書の指導書なども参考として，地域や生徒の実態を踏まえながら作成する。

各科目の内容については，学びの過程と評価の場面との関係性を明確にし，指導項目に対応した3観点別の評価の観点を作成する必要がある。

特に資質・能力の柱である「学びに向かう力」は，「主体的に学習に取り組む態度」として観点別評価を通して見取ることができる。しかし「人間性等」では，「個人のよい点や可能性・進歩の状況」について観点別評価で見取ることができない場合は，個人内評価を通じて見取る必要がある。

「学びに向かう力」については，学習前の診断的評価のみで判断したり，挙手の回数やノートの取り方などの形式的な活動で評価したりするものではない。生徒たちが自ら学習の目標を持ち，進め方を見直しながら学習を進め，その過程を評価して新たな学習につなげるといった，学習に関する自己調整を行いながら，粘り強く知識・技能を獲得したり思考・判断・表現しようとしたりしているかどうかという，意思的な側面を捉えて評価することが求められる。こうした姿を見取るためには，生徒たちが主体的に学習に取り組む活動場面を設定していく必要があり，「アクティブ・ラーニング」[active learning]の視点からの学習場面や指導方法を設定する必要がある。

なお，こうした観点別学習状況の評価については，小・中学校と比べて高等学校では，知識量のみを問う定期試験の結果などに偏重した評価が行われている場合が多いので注意したい。

義務教育である小・中学校において育成されてきた資質・能力を，高

等学校教育を通じてさらに発展・向上させることができるよう，高等学校教育の観点別評価の改善・充実が求められていることに配慮する。

　また，資質・能力のバランスのとれた学習評価を行っていくためには，指導と評価の一体化を図る中で，レポートの作成，発表，グループでの話し合い，作品の製作などといった多様な活動に取り組ませる**パフォーマンス評価**などを取り入れ，ペーパーテストの結果にとどまらない，多面的・多角的な評価を行っていくことが必要である。

　さらには，総括的な評価のみならず，一人ひとりの学びの多様性に応じて，学習の過程における形成的な評価を行い，生徒たちの資質・能力がどのように伸びているかを，例えば，日々の記録や**ポートフォリオ**（生徒が作成したレポート，作品，活動の写真などをファイルに入れて集積し保存すること）などを通じて，生徒たち自身が把握できるようにしていくことも重要である。また，生徒一人ひとりが，自らの学習状況やキャリア形成を見通したり，振り返ったりできるようにするために，生徒たちの自己評価も活用するとよい。

第5節　「技術」と「工業」の両免許取得

　各教科の免許取得のためには，各教科や教職科目の指定された単位数の修得が必要である。その教職科目の中で，中学校や高等学校の各教科の教員を目指す場合は，それぞれの教科教育法の単位修得が必要である。

❶ 技術科教育法と工業科教育法

　技術科教育法と工業科教育法のどちらも，一般的に通年科目として4単位の修得が必要である。技術科の教員免許と工業科の教員免許の両方を取得するには，両方の教育法を修得した上で中学校へ教育実習に行く必要がある（大学によっては，中学・高校両方の教育実習が必要となる）。

　そこで，技術科の免許を取得する場合は，中学校での実習期間は4週間で，3年時に「技術科教育法」を履修し4単位を修得し，4年時に中学校に教育実習に行くことになる。この場合，工業科教育法は4年時に修得すればよい。

このほかに，義務教育である中学校の教員になるには，「介護等体験」の講義と実習の単位修得が2単位必要である。
　その内容は，講義の10コマと，実習は特別養護老人ホームや心身障害者福祉施設等での5日間と特別支援学校での2日間，計7日間などが課せられる。
　技術科教育法は，中学校教育の全体像を理解し，教科としての「技術・家庭科」の位置付けを踏まえた上で，「技術分野」と「家庭分野」の役割やその全体像を理解しておく必要がある。
　そこで，技術科の場合は，各学年での家庭分野との指導時間の割り振りを踏まえ，全体の指導内容を理解し，各学年にふさわしい学習内容の配列に配慮する必要がある。
　工業科免許のみを取得する場合は，4年時に工業高等学校に教育実習に2週間行けばよいが，3年時には工業科教育法を履修し，4単位を修得しておく必要がある。
　工業高等学校では，大学で専攻しているのが機械工学の場合は，機械科に配属となるように，自分の専攻の学科を設置している工業高等学校に実習先を決める必要がある。工業高等学校出身者の場合は，母校に教育実習に行く場合が多い。普通科出身者の場合は，自分の専攻学科が工業高等学校に設置されていることを確認し依頼する必要がある。

❷ 模擬授業の実践

　大学の講義で，各教科の教育法を身に付けるには，教育実習の事前準備の演習として模擬授業を実践するとよい。そのために，中学校または高等学校の検定教科書を活用して，自ら指導内容を決めて，学習指導案を作成し，履修生仲間で，先生役と生徒役をお互いに交代して，模擬授業を実践するとよい。
　しかし模擬授業［simulated lesson］といえども，教壇に立って指導することにより，教えることの難しさを身をもって実感でき，教材研究の大切さや生徒に向かって話す難しさなどを実体験することができる。
　この模擬授業を体験することは，教育実習での研究授業の実践に役立つものであり，真剣に取り組む必要がある。

各自の模擬授業を仲間同士でビデオに記録し，その記録を再生して，仲間との意見交換や担当教授の指導を受け，反省を踏まえて教育実習に臨むとよい。
　4年時の教育実習に臨むにあたっては，教育実習事前指導の担当教授からの助言を受け，模擬授業や今まで学んできた反省点を自覚し，生徒理解の上で，適切な学習指導案の作成や板書する内容や方法についても事前に構想しておく必要がある。
　特に，教える内容は，事前に完全に理解しておくべきである。講義ノートや黒板のほうばかり見ている授業展開では困る。授業展開の内容は完全に記憶しておき，常に生徒のほうに視線を向けて授業展開できる余裕をつくり，板書しながら話す割合はできるだけ少なくしたい。
　そのためには，事前に講義ノートを作成し，板書する事項，どこで何を誰に質問するかなど，何度も練り直して作成した指導案を頭に入れておき，授業展開する必要がある。

第6節　教育実習の心得

❶ 実習事前指導

　教育実習生は，実習校に着任する前の段階で，所属大学や実習校で事前指導［prior guidance］としてオリエンテーション［orientation］を受ける。
　大学でのオリエンテーションでは，教育実習に参加するために必要な講義や，教育実習を体験したことのある先輩からの講話などの，準備指導がなされる。
　実習校でのオリエンテーションは，校長，教務主任，生徒指導主任，教育実習担当教員などから実習校の教育活動についての説明や全体に関わる諸連絡が行われる。次に，配属される各学科での打ち合わせがあり，学科の教員の紹介や指導教諭による事前指導が行われる。
　これからの授業の取組について指導を受け，授業の準備のための打ち合わせが行われる。実習校に打ち合わせに行くときは，教員らしい身なりで，事前に電話等で必ず予約して出掛けること。

❷ 実習報告書の作成と教育実習の評価

　教育実習生は，指導期間中の活動内容のすべてを教育実習記録簿（教育実習日誌）に記録することになる。その内容は，一般的に講義や指導を受けた内容，毎日の活動状況，所感や反省など多岐にわたる。

　教育実習終了後は，実習校で日々の教育実習に対するよい点や課題などが記入され，公印（校長印）が押され，実習報告書［practice report］として所属大学へ提出される。所属大学は，送られてきた実習校からの評価を尊重し，それに事前事後の受講状況を加味して教育実習の評価をする。

　教育実習生にとっては，実習日誌を毎日記録することは時間がかかり負担となる。しかし，日誌に一日の出来事や，教育実践を文章化することで，自己の実習に取り組む姿勢を見直し，問題点を明らかにし，今後の教員生活を目指して改善すべき点や課題を明確にすることに役立つ。

　また，日誌は，初めて教員の体験をした教育実践の記録であり，自己の成長の証となると考えていねいに作成しなければならない。

　なおこの日誌は，必ず記憶が新しいその日のうちに記載し，指導教諭に提出しなければならない。また，指導教諭は多忙であるので，短時間で読んでもらえるよう構想を立て，ポイントを絞り，読みやすいようにていねいに書く。当然他の人が見るものであるから消えないようなボールペンなどで書き，誤字，脱字，文章の不具合などがないように心掛けることが必要である。またそのことは，将来教員を目指す者の見識である。

❸ 実習事後指導

　事後指導［after guidance］は，教育実習で直面したいろいろな問題や悩みを，教育実習に参加した者同士が話し合ったり検討し合い，体験した教育実習を一層充実したものとするために行われる。

　現在の中等教育のさまざまな問題点や困難な状況を，実際に教育実習を体験した上で考えることは，残された大学での教育を受ける際や，教員になるための準備に大いに役立つことになる。

　そのための講座が次に示した「教職実践演習」である。

第7節　教職実践演習について

　教職実践演習［teaching practice exercises］は，4年間大学で学んできた教職課程の学習成果はもちろん教職課程外でのさまざまな学習や活動を通じて身に付けた資質能力等が，教員として必要な資質能力として身に付いているかについて，大学の養成する教員像や到達目標に照らして，最終的に総仕上げする講座である。
　学生はこの科目の履修を通して，教員になる上で，自分にとって何が課題であるのかを自覚し，不足している知識や技能等を補い，その定着を図ることにより，学校現場での教職生活をスムーズに始められ，定着できるようにすることを目指している。
　そこで，4年時前期に教育実習を体験している学生を対象として，4年時後期に開講する2単位の講座である。
　前期に教育実習を体験したことにより，自身の教員になるための課題をもう一度自覚し，不足している専門知識や資質や姿勢等について自覚した上で，この講座の受講が期待されている。
　また，この講座の企画，立案，実施にあたっては，学校現場や教育委員会との緊密な連携・協力が必要である。

❶ 習得を確認する事項

　これまでの教職課程講座を受講し，身に付けてきた学習成果を総合的に再点検することで課題を明らかにし，その補充学習に努める必要がある。確認事項の視点としては，①　使命感や責任感，教育的愛情等に関する事項，②　社会性や対人関係能力に関する事項，③　生徒理解や学級経営等に関する事項，④　教科等の指導力に関する事項等があげられる。

❷ 講座の内容事例

　講座内容は，大学での教科及び教職に関する科目の知見を総合的に結集するとともに，学校現場の視点を取り入れながら，事例研究などの具

体的な展開事例を取り上げる。

次に展開事例を示す。

① 学校で発生するさまざまな場面を想定した，役割演技（ロールプレイング）や事例研究など。
② 学校において，校外学習時の安全管理や，休み時間や放課後の補充指導などの生徒と直接関わり合う活動の体験を通じて，生徒理解の重要性や，教員が担う責任の重さを理解する事例。
③ 関連施設・機関（社会福祉施設，医療機関等）における実務実習や現地調査（フィールドワーク）などを通じて，社会人としての基本が身に付いてるか，また，保護者や地域との連携・協力の重要性を理解しているか確認する事例。
④ 教育実習などの経験をもとに，ホームルーム経営案を作成し，実際の事例との比較などを通して，学級担任の役割や実務，他の教職員との協力の在り方などを習得しているか確認する事例。
⑤ いじめや不登校，特別支援教育など，今日的な教育課題に関しての役割演技や事例研究及び実地視察などを通して，個々の生徒の特性や状況に応じた適切な対応について習得しているか等を確認する事例など。

❸ 演習到達目標とその確認

次の事項の習得が期待されている。

1) 教科内容等の指導力に関する事項
   ① 教科書の内容を理解しているなど，学習指導の基本的事項（教科等の知識や技能など）を身に付けているか。
   ② 板書，話し方など授業を行う上での基本的な表現力を身に付けているか。
   ③ 個々の生徒の反応や学習の定着状況に応じて，授業計画や学習形態等を工夫することができるか。
   ④ 自ら主体的に教材研究を行うとともに，それを活かした学習指導案を作成することができるか。
   ⑤ 教科書の内容を十分理解し，教科書を介してわかりやすく学習を

組み立てるとともに，生徒からの質問に的確に答えることができるか。
    ⑥ 板書や発問，的確な話し方など基本的な授業技術を身に付けるとともに，生徒の反応を活かしながら，集中力を保った授業を行うことができるか。
    ⑦ 基礎的な知識や技能について反復して教えたり，わかりやすい板書や資料の提示を行って，基礎学力の定着を図る指導法を工夫することができるか。
  2) 生徒理解や学級経営等に関する事項
    ① 生徒に対して公平かつ受容的な態度で接し，豊かな人間的交流を行うことができるか。
    ② 生徒の発達や心身の状況に応じて，生徒が抱える課題を共感的に理解し，適切な指導を行うことができるか。
    ③ 生徒との間に信頼関係を築き，学級集団を把握して，規律あるクラス経営を行うことができるか。
    ④ 気軽に生徒と顔を合わせたり，相談に乗ったりするなど，親しみを持った態度で接することができるか。
    ⑤ 生徒の声を真摯に受け止め，生徒の健康状態や性格，生育歴などを理解し，公平かつ受容的な態度で接することができるか。
    ⑥ 社会状況や時代の変化に伴い生じる新たな課題や生徒の変化を，進んで捉えようとする姿勢が身に付いているか。
    ⑦ 生徒の特性や心身の状況を把握した上で，ホームルーム経営案を作成し，それに基づく学級づくりをしようとする姿勢を持っているか。
  3) 使命感や責任感，教育的愛情等に関する事項
    ① 教育に対する使命感や情熱を持ち，常に生徒から学び，ともに成長しようとする姿勢が身に付いているか。
    ② 高い倫理観と規範意識，困難に立ち向かう強い意志を持ち，自己の職責を果たすことができるか。
    ③ 生徒の成長や安全と健康を第一に考え，適切に行動することができるか。

④　誠実，公平かつ責任感を持って生徒に接し，生徒から学び，ともに成長しようとする意識を持って，指導にあたることができるか。
　⑤　教員の使命や職務についての基本的な理解に基づき，自発的・積極的に自己の職責を果たそうとする姿勢を持っているか。
　⑥　自己の課題を認識し，その解決に向けて，自己研鑽に励むなど，常に学び続けようとする姿勢を持っているか。
4) 社会性や対人関係能力に関する事項
　①　教員としての職責や義務の自覚に基づき，目的や状況に応じた適切な言動をとることができるか。
　②　組織の一員としての自覚を持ち，他の教職員と協力して職務を遂行することができるか。
　③　保護者や地域の関係者と良好な人間関係を築くことができるか。
　④　挨拶や服装，言葉づかい，他の教職員への対応，保護者に対する接し方など，社会人としての基本が身に付いているか。
　⑤　他の教職員の意見やアドバイスに耳を傾けるとともに，理解や協力を得ながら，自らの職務を遂行することができるか。
　⑥　学校組織の一員として，独善的にならず，協調性や柔軟性を持って，校務の運営にあたることができるか。
　⑦　保護者や地域の関係者の意見・要望に耳を傾けるとともに，連携・協力しながら，課題に対処することができるか。

❹ 授業方法等

　授業を効果的に展開するためには，授業方法の面でも，理論と実践の有機的な統合が図られるような情報機器を活用した，新たな授業方法を積極的に開発・工夫する必要がある。
　具体的には，授業内容に応じて大型提示装置（電子黒板）等の情報機器を有効に活用したり，教室での役割演技（ロールプレイング）やグループ討論，実技指導のほか，学校や教育委員会等との協力により，実務実習や事例研究，現地調査（フィールドワーク）を取り入れるとよい。

第8節 学校体験活動（インターンシップ）

　一般的に，インターンシップというと，企業における就業体験をイメージするが，ここでは大学が学生を幼稚園や小・中・高等学校に派遣する事業である。
　ある大学では，2003年度より学校インターンシップを実施し，成果を上げている実践もある。
　ただし，従来からの教育実習との役割分担を明確にし，各大学の判断で教職課程に位置付けられ，「大学が独自に設定する科目」であれば，一種免許状では4単位まで単位取得が認められる。

❶ 学校体験活動の目的

　学校インターンシップは，教育実習や教職実践演習とは別に，教職課程の学生に対し，学校現場において教育活動や校務・部活動の支援や補助業務などを，できるだけ長期にわたり体験させる活動である。
　一般的に，学校現場で長期間・継続的に体験的な活動をすることにより，学校現場の実態をより深く知ることでき，従来からの教育実習と相まって，実践的指導力の育成に役立つ体験活動である。
　また，学生にとっては，教員に求められる資質を理解し，自ら教員としての適格性を把握するための機会としても有意義であり，受け入れる学校側にとっても，学校のさまざまな活動を支援する地域人材の確保の観点から有益であるとされている。
　学校インターンシップの単位は，「大学が独自に設定する科目」として認められ，中学校の場合，4単位のうちの1〜2単位が適当である。高等学校では，12単位のうち2単位が妥当である。
　実施にあたっては，既存の教育実習との関係で役割分担の明確化を図るほか，教育委員会や学校と大学の連携体制の構築や，学生に対する適切な事前・事後指導が必要である。

❷ 学校体験活動の課題と成果

　実施大学の事例では，当初は教職志望者を対象として始めたが，学校現場で研修を積んだ学生は，児童・生徒との関わりを通して，大人としての自覚と責任を身に付けるなどの成果がみられ，大学生が学校現場を体験することは，教職志望者だけでなくすべての学生にとって「人間性を成長させる」との観点から，学校インターンシップは教職志望者に限らず，就業体験プログラムとして広く門戸を開いている事例もある。

　実施時期は，大学の休業期間に派遣され，授業補助，学校行事の運動会・文化祭での補助，クラブ活動補助・図書室運営などの補助等に関わった事例がある。

　インターンシップ期間中の対価はなく，交通費なども本人の負担である。

　また，インターンシップ期間中に知り得た学校及びその在校生，関連機関等の機密事項や個人情報の取扱いについては，守秘義務に関する「誓約書」を提出させている。

　また，インターンシップ期間中の事故等の補償は，大学の責任によりインターンシップ参加者には賠償責任保険に加入させる対応をしている。

　事前と事後の指導としては，インターンシップ生には，事前講座でマナーや学校現場での心構えに関しての講習を受けさせ，事後には，報告会の実施によって，インターンシップの成果を振り返るための研修なども実施されている。

❸ 学校支援ボランティア制度

　地域の学校支援の基本的な仕組みは，「地域コーディネータ」「学校支援ボランティア」「地域教育協議会」の3者で構成されている。

　地域コーディネータは，学校と地域の状況を理解している人で，PTA経験者や自治会，元教職員など，学校の求めに応じ学校の教育方針を踏まえて，ボランティア等との連絡調整など，学校と地域をつなぐ役割を果たしている。地域教育協議会は，学校支援の方針などを企画立案する委員会である。

学校支援ボランティアは，地域住民が持っている専門知識や技術が必要なものもあるが，誰にでもできるボランティア活動も多くある。
　例えば学習支援活動としては，各教科指導では教員の補助業務，放課後の補習学習支援をはじめ，部活動指導，校内の環境整備，登下校時の安全確保，学校行事等の会場整備や片付けなどの支援がある。
　地域住民が学校の教育活動に関わることで，地域の絆づくりにつながり，地域の教育力が高まる。これにより，地域の活性化や学校を核とした地域づくりが期待されている。

第6章 教員への道

　中学校，高等学校の教員は，原則として学校の種類に応じた教科ごとの教員免許状が必要である。中等教育学校の教員は，中学校と高等学校の両方の**教員免許状**が必要となる。
　一般的には，教員を目指す者は，大学で教員免許状の取得に必要な所定の教科及び教職科目の単位数を修得した上で，公立学校の教員志望の場合は，都道府県や政令指定都市の教育委員会が行う教員採用選考試験に合格する必要がある。国立及び私立の学校の教員の場合は，学校法人が主体的に採用を決定している。なお，私立中学高等学校協会が私学教員適性検査を実施しており，志望校の所属する私学協会に問い合わせるとよい。この章では，教員採用までの概要をまとめた。

▍第1節　教員免許状の取得 ▍

　公立学校の教員になるには，一般的に教育職員免許法の規定にある免許状取得の要件を満たしている大学での教職課程［teacher-training course］講座を受講し，必要な単位を修得すれば教員免許を取得できる。

❶ 教員免許状

　教員免許状は，大学における卒業資格取得を前提として，従来は取得する「教科に関する科目」と「教職に関する科目」及び「教科又は教職に関する科目」について別々にそれぞれの単位数の修得が規定されていた。
　2019年度から改正免許法の施行により，「教科及び教職に関する科目」についての科目区分が再整理された。新規には「大学が独自に設定する科目」が設けられた。ただし，各免許取得上の合計修得単位数には変更

表 6‐1‐1　教諭の普通免許の修得単位数

	第1欄	教科及び教職に関する科目	左欄の各科目に含めることが必要な事項	高等学校教諭		中学校教諭	
				専修免許	一種免許	専修免許	一種免許
最低修得単位数	第2欄	教科及び教科の指導法に関する科目	教科に関する専門的事項	24	24	28	28
			各教科の指導法（情報機器及び教材の活用を含む）				
	第3欄	教育の基礎的理解に関する科目	教育の理念並びに教育に関する歴史及び思想	10	10	10	10
			教職の意義及び教員の役割・職務内容（チーム学校運営への対応を含む）				
			教育に関する社会的，制度的又は経営的事項（学校と地域との連携及び学校安全への対応を含む）				
			幼児児童及び生徒の心身の発達及び学習の過程				
			特別支援を必要とする幼児児童及び生徒に対する理解				
			教育課程の意義及び編成の方法（カリキュラムマネジメントを含む）				
	第4欄	道徳，総合的な学習の時間等の指導法及び生徒指導，教育相談等に関する科目	総合的な学習の時間の指導法	8	8	10	10
			特別活動の指導法				
			教育の方法及び技術（情報機器及び教材の活用を含む）				
			生徒指導の理論及び方法				
			教育相談（カウンセリングに関する基礎的な知識を含む）の理論及び方法				
			進路指導及びキャリア教育の理論及び方法				
	第5欄	教育実践に関する科目	教育実習	3	3	5	5
			教職実践演習	2	2	2	2
	第6欄	大学が独自に設定する科目		36	12	28	4

教育職員免許法施行規則第4，5条より作成

はなかった。

(1) **教科に関する科目**

教科に関する科目とは，例えば中学校の「技術」や高等学校の「工業」の各科目を指している。

「技術」科の場合は，① 木材加工（製図及び実習を含む），② 金属加工（製図及び実習を含む），③ 機械（実習を含む），④ 電気（実習を含む），⑤ 栽培（実習を含む），⑥ 情報とコンピュータ（実習を含む），の内容を学ぶことが規定されている。「工業」科の場合は，① 工業の関係科目，及び，② 職業指導，について学ぶと規定されている。

免許法では，一種免許取得（学部卒）について第2欄の「教科及び教科の指導法に関する科目」では，中学校免許では28単位，高等学校免許では24単位と定められており，各校種とも教科の教育法を4単位とすれば，残りの単位数は教職関連科目を修得する必要がある。

なお，中学・高校とも一種免許状の取得には，教科及び教職関連科目として，最低修得単位数は59単位である。なお，専修免許状（大学院卒）は，83単位の修得が必要である。

表6-1-2　大学における最低修得単位数

教員免許状の種類		基礎資格	所要資格					大学が独自に設定する科目	計
			教科及び教科の指導法に関する科目	教育の基礎的理解に関する科目	道徳，総合的な学習の時間等の指導法及び生徒指導，教育相談等に関する科目	教育実践に関する科目			
						教育実習	実践演習		
中学校教諭	専修免許状	修士の学位	28	10	10	5	2	28	83
	一種免許状	学士の学位	28	10	10	5	2	4	59
高等学校教諭	専修免許状	修士の学位	24	10	8	3	2	36	83
	一種免許状	学士の学位	24	10	8	3	2	12	59

教育職員免許法より作成

具体的には，免許法の教科「技術」に関する科目の最低修得単位数は，それぞれ1単位以上と示されているが，開講講座の一例としては，木材加工（製図及び実習を含む）6単位，金属加工（製図及び実習を含む）4単位，機械（実習を含む）6単位，電気（実習を含む）6単位，栽培（実習を含む）2単位，情報基礎（実習を含む）4単位とすると，合計が28単位になる。

　高等学校一種の「工業」の免許取得にあたっては，工業の科目としては，「工業の関係科目」と「職業指導」の各1単位以上の修得が必要であり，学習指導要領に示された科目について，各専門学科とも合計単位数が24単位の修得が必要である。

　一般には，「職業指導」を4単位修得とすれば，「工業の関係科目」は20単位修得することとなる。

　免許法では，教科に関する科目については次のように定めている。

　中学校教諭の専修免許状または一種免許状の授与を受ける場合の教科に関する科目の単位数は，表6-1-3に規定するもののほか，免許教科の種類に応じ，「大学が独自に設定する科目」について修得することができる。

　その修得できる単位数は，中学免許で4単位，高校免許で12単位が認められている。

(2) **教職に関する科目**

　教職に関する科目とは，教職課程を履修する者のための科目で，教員の職務に関する内容の科目である（表6-1-1参照）。

　2019年度施行の免許法では，第3欄に「教育の基礎的理解に関する科目」，第4欄に「道徳，総合的な学習の時間等の指導法及び生徒指導，教育相談等に関する科目」，第5欄に「教育実践に関する科目」が規定され，それぞれの修得単位数が決められている。

　なお，第6欄には「大学が独自に設定する科目」の単位数も明記されている。

　また大学によっては，教職に関する科目のうち，科目を指定して必修科目として，すべての者に必要単位数を修得させる大学もある。

　教職の科目は，教員としての資質の向上をねらいとした重要な科目で

あり，教員を志す者にとってはできるだけ多くの科目を履修することが望ましい。

表6-1-3に，中学一種と高校一種免許状の修得単位数をまとめた。

表6-1-3　教科に関する科目と修得最低単位数

免許状の種類・教科	教科に関する科目	最低修得単位数
中学校一種技術	木材加工（製図及び実習を含む）	1単位以上
	金属加工（製図及び実習を含む）	1単位以上
	機械（実習を含む）	1単位以上
	電気（実習を含む）	1単位以上
	栽培（実習を含む）	1単位以上
	情報とコンピュータ（実習を含む）	1単位以上
	計	20単位以上
高等学校一種工業	工業の関係科目	1単位以上
	職業指導	1単位以上
	計	20単位以上

教育職員免許法より作成

(3)　高等学校一種免許「工業」の特例について

　高等学校一種「工業」の免許状取得については，特例として附則により，「各教科の指導法に関する科目，教諭の教育の基礎的理解に関する科目等」（教職に関する科目）の全部または一部の単位を，「教科に関する専門的事項に関する科目」（教科に関する科目）の同数の単位数をもって，これに替えることができるとされている。

　この特例により，工業に関する科目としては「職業指導（4単位）」を修得し，残りの必要な「教職に関する科目」の単位数は，「教科に関する科目」（工学部等の専門科目）で代替して，工業の免許状が取得できることになっている。この附則事項を適用している大学も多いが，しかし工業教員の資質の向上が期待されており，教職に関する科目をできる限り修得し，教員としての力量を高めておく必要がある。

❷ 小・中学校免許状取得に係る介護等体験について

　小・中学校教諭の普通免許状取得には「**介護等体験**」の現場実習が義務付けられている。介護等の体験実習は，免許取得者が18歳に達した後，

定めた校外施設で，7日間を下らない範囲内で，高齢者や障害者の介護等の体験実習が課せられている。

この制度は，1998年度（平成10年度）学部入学生より適用されている。

事前指導としては，高齢者福祉や障害者福祉，児童福祉等の専門家を講師として迎えた集中講義を受講する。体験後は事後指導として体験発表会が実施され，これらが修了すれば2単位が取得できる。なお，介護体験実習にかかる費用は自己負担する。参加者本人は，事前に健康診断書及び検便等の検査を受け異常がないことが必要である。

❸ 初任者研修

大学を卒業または大学院を修了して教員採用試験に合格して教員として採用されると，1年目は初任者研修を必ず受けなければならない。

初任者研修の法的根拠は，教育公務員特例法第23条に規定されており，新任教員の実践的指導力と使命感を養うとともに，幅広い知見を身に付けさせることを目的としている。研修内容は，校内での研修は年間300時間，校外での研修は25日程度である。そのため採用1年目は，担任を持たずに校内では指導教諭による日常的な授業をはじめ校内業務等の指導監督を受ける。さらに校外研修は，各教育委員会主催の研修を他校の新任教員と共同で受講する。

1年目の採用は条件付きの採用であり，年度末までの校内研修及び教育委員会主催の校外研修会での成果が認められれば，翌年度から正式採用となる。

❹ 教員免許更新制

2009年度（平成21年度）から**教員免許更新制**［teacher license renewal system］が導入された。教員免許更新制は，その時々で教員として必要な資質能力が保持されかつ向上できるように，10年ごとに定期的に最新の知識・技能を身に付けることで，教員が自信と誇りを持って教壇に立ち続け，社会からの尊敬と信頼が得られるようにすることを目的として実施されている。

具体的には，取得している免許状の有効期間満了日（修了確認期限）

の2年2カ月前から2カ月前までの2年間のうちに，大学等が開設する30時間以上の免許状更新講習を受講し，修了した後，免許管理者（都道府県教育委員会）に申請することにより免許の更新が認められる。

2009年（平成21年）4月以降に初めて免許状を授与された教員の免許状は，新免許状といい10年の有効期間が付されている。

有効期間は，その免許状に係る所要資格を得た日から10年後の年度末となる。そこで，有効期間の満了日までに更新講習を受講または修了せず，有効期間を更新しなかった場合，所持する免許状は失効となるので，注意が必要である。

更新講習の受講者は，本人の専門教科や課題意識に応じて，教職課程を持つ大学などが次の3つの領域で開設する講習の中から必要な講習を選択して受講すればよい。

① 必修領域（6時間以上）：すべての受講者が受講する領域
② 選択必修領域（6時間以上）：受講者の免許状の種類，勤務する校種または教員としての経験に応じ，選択して受講する領域
③ 選択領域（18時間以上）：受講者が任意に選択して受講する領域

第2節　教員採用選考の概要

公立学校の教員採用選考は，地方公共団体の教育委員会が行っている。

教員の採用は，選考によって行われており，選考は競争試験のように受験者を得点順に並べて行うのではなくて，受験者選考の基準に適合した者のうちから，教員としての適性や職務遂行能力等を判定し，選考している。

教員採用選考に合格した者は，採用候補者名簿に登載される。

名簿に登載されても採用内定ではなく，年度末までに現職教員の退職者や欠員などを踏まえて，別途内定通知が送られてくる。

その後，配置校の決定は，年度末に向けて現職教員の異動配置が確定した後，新採教員の配置が行われるのが一般的であり，配属校の校長から呼び出しがあり，面接を受けて配属が決定されるのが一般的である。

内定者名簿の登載の有効期間は1年間であり，欠員により年度途中に

採用が決定する場合もある。

残念ながら，年度末までに採用されなければ，次年度に再度試験を受ける必要がある。

❶ 教員採用選考の内容

教員採用選考は，都道府県や政令指定都市により，選考方法や実施時期が多少異なるが，主に筆記試験，面接試験，論作文試験，実技試験等で選考が行われている。

一般的に選考の実施時期は都道府県により異なるが，1次試験（7月初旬頃）と2次試験（8月末頃）とに分けられ，1次試験では，一般教養，教職教養，専門教養，論作文などが行われている。

その合格者に対し2次試験では，受験教科により異なるが，実技，集団討論，個人面接などが行われている。

試験の内容としては，一般教養は，教員として必要な社会的な知識が問われ，教職教養は，教員としての指導に関する基本的知識や理解力を診断する内容である。

専門教養は，専門教科の教員として必要な知識，技能，教育方法などを習得しているかを判断する内容で，中学校や高等学校の教科とも，生徒理解に関する課題や教科指導上の課題など，最近の教育問題が出題されることが多い。教員の選考試験の内容は，記憶力を問う筆記試験よりも，面接や模擬授業や実技を重視し，教員としての適性を踏まえた人物重視の選考が行われている。

❷ 東京都の教員採用候補者選考の事例

2018年度採用の東京都公立学校教員候補者選考における選考内容と判定基準を紹介する。

(1) **第一次選考　7月初旬**
① 教職教養　25問択一式100点
② 専門教養　30問程度択一式100点
③ 論文　1,050字以内100点　評価の観点（課題把握・教員としての実践的指導力・論理的表現等）

これらの判定基準は，合計点数300点満点の高得点者から，第一次選考合格者を決定する。ただし，教職教養・専門教養・論文ごとに決められた基準点以上の者を対象としていた。

(2) 第二次選考　8月中旬～9月初旬
① 面接試験
　集団面接 300 点（受験者 5 人　面接委員 3 人　面接時間 40 分）
　個人面接 300 点（受験者 1 人　面接委員 3 人　面接時間 30 分）
② 実技試験　150 点（特定教科，都道府県により異なるので注意）

(3) 合格者の決定　10月中旬頃
　校種・教科別に合格基準を満たした者のうちから，第二次選考の総得点が高い者を総合的に判定し，合格者を決定している。

(4) 中学校「技術」の専門教養問題の事例
　東京都の 2017 年の事例では，解答時間 60 分，25 問，4 択問題のマークカードへの記入方式，100 点満点。
　問題は，すべての技術分野を網羅し，その中から基礎的・基本的な事項からの出題であった。各問の概略を次に表記した。
　問題の例：① 製図の寸法記入法，② 立体物の展開図，③ 4種の木材の特質，④ 木材への塗装法，⑤ 一条ねじのピッチとリード，⑥ さしがねの使い方，⑦ 体積と質量と密度関係，⑧ 全波整流回路，⑨ リプル率，⑩ 歯車伝達，⑪ リンク機構，⑫ 熱機関，⑬ オームの法則，⑭ 植物栽培，⑮ 野菜の特質，⑯ 土壌の性質，⑰ 植物の特質，⑱ 中性植物，⑲ 肥料とカリウム，⑳ 情報技術用語，㉑ ファイル形式，㉒ 無線 LAN 通信，㉓ 画像転送，㉔ 表計算ソフトの活用，㉕ 流れ図，㉖ 技術分野の内容，であった。

(5) 高等学校「工業」の専門教養問題の事例
　東京都の事例では，解答時間 60 分，共通問題が 10 問，選択問題として，機械系・電気系・化学系・建築系とも各 10 問出題されている。
　自分の専門とする系を選択し，計 20 問を解答する。100 点満点。
　すべて 4 択問題のマークカードへの記入方式である。
1) 共通問題　10 問
　① 学習指導要領の各科目の内容の取扱い，② 指導計画と内容の取

扱い，③ ノギスの目盛りの読み方，④ 知的財産権，⑤ 三面図，⑥ 原価計算，⑦ 熱量計算，⑧ コンピュータの構成要素，⑨ 2進数の計算，⑩ 流れ図とデータ

2）機械系の問題

① 旋盤の切削速度計算，② 平やすり作業，③ 金属の結晶構造，④ 共晶形合金の状態図，⑤ 圧力容器の板厚，⑥ 片持ちばりのたわみ計算，⑦ 両端支持ばりの荷重，⑧ 流体の流出速度，⑨ 流速と水平到達距離，⑩ 水車からの動力計算

3）電気系の問題

① 熱量の計算，② キルヒホッフの法則計算，③ 静電力の計算，④ 三相交流計算，⑤ 回路計算，⑥ 固定バイアス回路計算，⑦ 誘導起電力の計算，⑧ 自動制御の種類と特質，⑨ 各種通信ケーブルの特質

化学系と建築系の問題は，省略した。

東京都の事例でみると，工業高等学校の専門教養の試験内容は，工業高等学校の教員として必要な工業科目に関する知識・技能及び学習指導法を問う内容が一般的である。出題内容は工業高等学校で使用している専門科目の検定教科書の内容程度である。なお，全国的には，学習指導要領を中心とした指導内容とその指導方法に関する内容も多く出題されている。

普通科高等学校出身者は，例えば大学で機械工学科専攻ならば，工業高等学校の機械科の検定教科書の内容について理解しておく必要がある。

❸ 論作文試験への対応

論作文試験［argumentation examination］は，受験者の人間性，教育に対する意欲，教員としての適性や資質・熱意などを判定し，生徒を指導する教員にふさわしい人材を採用することをねらいとしている。

ここで，2017年度実施の東京都の論文問題の事例を紹介する。

〈次の記述を読み，下の問題について論述しなさい。〉

年度初めの職員会議で，教務主任から，「昨年度，学校で独自に実施

した生徒対象の学習に関する調査の，『授業中に自分の考えを表現することができた。』の項目で，『できなかった』の回答が多くありました。また，各教科の教科主任からも，自分の考えはもっているものの，それを的確に表現できない生徒が多いという報告を受けています。そこで，今年度，各教科の指導において，『自分の考えを的確に表現する力を育む。』を重点事項にしたいと思います。」と報告があった。

職員会議終了後，指導教員からあなたに，「先ほどの重点事項に基づいて，どのように学習指導に取り組んでいくか，具体的に考える必要がありますね。」と話があった。

[問題]

指導教員の発言を受けて，あなたならどのように学習指導に取り組んでいくか，志望する校種と教科等に即して，具体的な方法を二つ挙げ，それぞれ10行（350字）程度で述べなさい。また，その方策を考える上で問題意識やまとめなどを含めて，30行（1,050字）以内で述べなさい。ただし，26行（910字）を超えること。（1行35字の区切りある用紙使用）

[論述の視点の例]

論述にあたっては，技術科の教員として，または工業科の教員として，① 授業展開の場面を自ら具体的に想定し，また，② クラス担任としてクラス経営の中での対応事例などを具体的に取り上げて，そこでの対応について，事例をあげて論述することが大切である。

❹ 教員面接試験への対応

面接試験［interview test］には，集団面接と個人面接がある。

面接での評価は，「教職への理解力・教科等の指導力・対応力・将来性・心身の健康と人間的な魅力」などの観点で評価されている。

つまり個人面接では，人物像や教員としての適性，人間関係づくりの姿勢や社会性などの資質が評価される。

また，思考の柔軟性や若さと活力が感じられる会話や振る舞いも評価の対象となる。

集団面接では，試験官から討論課題が提出され，面接仲間とのやりとりから個々の受験生の資質が評価される。

具体的には，与えられた課題について5〜6人の集団で自由討論させ，試験官は受験生の発言態度や発言内容と集団の中での個人としての振る舞いなどを観察し，評価する。
　対話中は，突出しすぎず，相手を説得したり，思いやることができる余裕ある話し方を身に付けておきたい。
　討論課題としては，「基本的な生活習慣に関する課題」「他人を思いやる心や生命を尊重する心に関する課題」「積極的に社会参画できる力に関する課題」「良好な人間関係を築く力に関する課題」などが出題されている。面接の準備としては，日頃から教育行政や教育界の話題について，新聞やニュース，教育雑誌などに目を通し，また多くの人々との交流を通して人間関係力を身に付けるように努め，望まれる教員像について理解し，自分の考えを確立しておく必要がある。

「東京都教員採用2018年7月第一次試験概要（2019年度採用予定者選考）」

① 応募者数
　応募者の総数は13,461名

② 応募倍率
　応募者数は減少（1,804名減），応募倍率（採用見込者数に対する応募者の割合）は，3.9倍（昨年度5.7倍）

③ 校種別の状況
　小学校全科（理科コース・英語コース含む）
　　応募者数は4,206名で，昨年度より311名（6.9％）減
　　応募倍率は，2.7倍（昨年度3.6倍）
　中・高共通
　　応募者数は6,306名で，昨年度より1,136名（15.3％）減
　　応募倍率は，5.0倍（昨年度9.7倍）
　特別支援学校
　　応募者数は903名で，昨年度より82名（8.3％）減
　　応募倍率は，4.8倍（昨年度5.5倍）

資料1　高等学校学科別学校数・生徒数

区分		生徒数	比率(%)	当該学科を設置する学校の延べ数	単独学科学校数
合計		3,270,400	100%	6,697	3,520
職業学科　専門高校	小計	601,354	18.4	1,993	599
	農業科	81,310	2.5	303	126
	工業科	249,930	7.6	531	268
	商業科	195,190	6.0	623	172
	水産科	9,027	0.3	41	21
	家庭科	39,924	1.2	274	5
	看護科	14,194	0.4	96	6
	情報科	3,010	0.1	28	—
	福祉科	8,769	0.3	97	1
普通科		2,388,509	73.0	3,770	2,611
その他専門学科理数科等		105,008	3.2	565	39
総合学科		175,529	5.4	369	271

高等学校学科別学校数・生徒数　2017年度

文部科学省学校基本統計より作成

資料2　普通教科・科目一覧

2022年度　新入生より実施（〇印が必履修科目）

教科	科目	標準単位	すべての生徒に履修させる科目 〇印	工業学科の編成例 （普通教科の場合）
国語	現代の国語	2	〇	現代の国語と言語文化の履修が一般的である　4単位
	言語文化	2	〇	
	論理国語	4		
	文学国語	4		
	国語表現	4		
	古典探究	4		
地理歴史	地理総合	2	〇	地理総合と歴史総合の2科目履修が一般的である　4単位
	地理探究	3		
	歴史総合	2	〇	
	日本史探究	3		
	世界史探究	3		
公民	公共	2	〇	公共を履修させる　2単位
	倫理	2		
	政治・経済	2		
数学	数学Ⅰ	3	〇	数学Ⅰは2単位だけでもよい 大学進学者希望者には，選択科目として数Ⅲまで学ばせたい 数学Ⅰ・Ⅱ　6単位
	数学Ⅱ	4		
	数学Ⅲ	3		
	数学A	2		
	数学B	2		
	数学C	2		
理科	科学と人間生活	2	「科学と人間生活」と基礎科目の2科目選択 又は 基礎科目の4科目のうちから3科目選択	「科学と人間生活」と他の2科目は，物理基礎と化学基礎の履修が望まれる 6単位
	物理基礎	2		
	物理	4		
	化学基礎	2		
	化学	4		
	生物基礎	2		
	生物	4		
	地学基礎	2		
	地学	4		
保健体育	体育	7〜8	〇	保体で　9単位
	保健	2	〇	
芸術	音楽Ⅰ	2	音楽Ⅰ，美術Ⅰ，工芸Ⅰ，書道Ⅰのうち1科目選択	音楽Ⅰ，美術Ⅰ，工芸Ⅰ，書道Ⅰのうち1科目選択 芸術　2単位
	音楽Ⅱ	2		
	音楽Ⅲ	2		
	美術Ⅰ	2		
	美術Ⅱ	2		
	美術Ⅲ	2		
	工芸Ⅰ	2		
	工芸Ⅱ	2		
	工芸Ⅲ	2		
	書道Ⅰ	2		
	書道Ⅱ	2		
	書道Ⅲ	2		
外国語	英語コミュニケーションⅠ	3	〇	英語コミュニケーションⅠは2単位でもよい 英語コミュニケーションⅠと論理・表現Ⅰで　5単位
	英語コミュニケーションⅡ	4		
	英語コミュニケーションⅢ	4		
	論理・表現Ⅰ	2		
	論理・表現Ⅱ	2		
	論理・表現Ⅲ	2		
家庭	家庭基礎	2	〇	1科目を選択する
	家庭総合	4		
情報	情報Ⅰ	2	〇	工業情報数理で代替可
	情報Ⅱ	2		
理数	理数探究基礎	1	普通科や理数科の科目	履修せず
	理数探究	2〜5		
総合的な探究の時間　卒業まで105〜210単位時間を配当，単位数　3〜6単位				課題研究で3単位代替する
特別活動・ホームルーム活動　各学年1単位時間の35時間以上　3年間で最低3単位				ホームルーム活動　3単位
卒業までの修得単位数は74単位以上。専門科目の履修単位数は25単位以上である。 （情報2単位と総合的な探究の時間3単位は，専門科目で代替した場合）				一例　この表の普通教科・ホームルームの合計履修単位は　43単位

2018.3 高等学校学習指導要領告示より作成

資料3　工業科専門科目の必履修単位数の試案例

工業科　専門科目の必履修単位数の一例　2022年度実施

週30時間＝6時間が5日間　計30時間　3年間で90単位を想定。
3年間総履修単位数は，HR 3単位＋総合的な探究の時間3単位＋教科84単位　合計90単位
普通教科必修47単位（47～56単位）　専門科目必修28単位（37～28単位）を想定している。
就職希望：普通教科47単位，専門科目37単位が可能。
進学希望：普通教科56単位，専門科目28単位が可能。
「情報Ⅰ」，「総合的な探究の時間」は代替せず。（　）内の数字は単位数。

各学科原則履修科目	工業技術基礎(3)，課題研究(3)

機　械　科	実習(8)，製図(4)，工業情報数理(2)，機械工作(4)，機械設計(4)
電子機械科	実習(8)，製図(2)，工業情報数理(2)，機械工作(2)，生産技術(4)，電子機械(4)
自動車科	実習(8)，製図(2)，工業情報数理(2)，自動車工学(4)，自動車整備(6)
電　気　科	実習(8)，製図(2)，工業情報数理(2)，電気回路(6)，電力技術(4)
電　子　科	実習(8)，製図(2)，工業情報数理(2)，電気回路(4)，電子回路(6)
情報技術科	実習(8)，製図(2)，工業情報数理(2)，電気回路(2)，プログラミング技術(4)，ソフトウェア技術(4)
建　築　科	実習(8)，製図(4)，工業情報数理(2)，建築構造(2)，建築構造設計(4)，建築計画(2)
設備工業科	実習(8)，製図(4)，工業情報数理(2)，空気調和設備(4)，衛生・防災設備(4)
土　木　科	実習(8)，製図(2)，工業情報数理(2)，測量(4)，土木施工(4)，土木構造設計(2)
工業化学科	実習(8)，工業情報数理(2)，工業化学(6)，化学工学(4)，地球環境化学(2)
産業技術科	実習(8)，製図(2)，工業情報数理(2)，機械工作(4)，電気回路(4)，電子技術(2)
インテリア科	実習(8)，製図(2)，工業情報数理(2)，インテリア計画(4)，インテリア装備(2)，インテリアエレメント生産(2)，デザイン実践(2)
デザイン科	実習(8)，製図(2)，工業情報数理(2)，デザイン実践(4)，デザイン材料(2)，デザイン史(2)，染織デザイン(2)

資料4　工業の各科目の標準単位数設定試案の例

2022年度実施

科目名	標準単位数	科目名	標準単位数
各学科において共通に履修させる科目		建築構造	2～6
		建築施工	2～4
工業技術基礎	3～4	建築構造設計	3～8
課題研究	3～4	建築計画	4～8
実習	4～12	建築法規	2～4
製図	2～10	設備計画	4～6
工業情報数理	2～4	空気調和設備	4～8
各学科において選択的な基礎科目		衛生・防災設備	4～8
		測量	3～6
工業材料技術	2～4	土木施工	3～6
工業技術英語	2～6	土木基盤力学	4～6
工業管理技術	2～4	土木構造設計	2～4
工業環境技術	2～4	社会基盤工学	2～4
各分野に関する科目		工業化学	6～8
機械工作	4～8	化学工学	3～6
機械設計	4～8	地球環境化学	2～6
原動機	2～4	材料製造技術	4～6
電子機械	4～6	材料工学	4～6
生産技術	2～4	材料加工	4～6
自動車工学	4～8	セラミック化学	2～6
自動車整備	4～8	セラミック技術	2～6
電気回路	4～6	セラミック工業	2～6
電気機器	2～4	繊維製品	4～6
電力技術	4～6	繊維・染色技術	4～6
電子技術	4～6	染織デザイン	2～6
電子回路	4～6	インテリア計画	2～6
電子計測制御	4～6	インテリア装備	2～6
通信技術	2～6	インテリアエレメント生産	2～6
プログラミング技術	2～6	デザイン実践	2～8
ハードウェア技術	4～8	デザイン材料	2～6
ソフトウェア技術	2～6	デザイン史	2～4
コンピュータシステム技術	2～6	船舶工学	2～18

資料5　教育課程の編成　工業技術科試案の例

工業技術科試案　類型選択
〈工業全般の興味関心と職業意識を高める教育課程編成〉

　入学してくる生徒のうち、自分の将来の興味・関心や適性が十分自己理解できていない生徒たちのために、1学年時は工業分野の内容を広く浅く学習させ、2学年時からは工業の各分野を理解させ、将来の各自の進路希望に応じて、類型コースを選択により学習させる。

　この教育課程例は、1学年時に必修科目を多く履修させるとともに、工業の専門科目は工業各分野の基礎的で共通する内容について履修させる。2学年時からは、1学年で学んだ工業分野のうち、自分の興味・関心や進路希望に応じて、設置された類型からコース選択をさせる。大学進学希望者にも対応できるアカデミックコースも設置した。学校により多様なコースを設置する。2学年からは、類型（☆メカトロコース、★エレクトロニクスコース、◎アカデミックコース）を選択履修させる。○は必履修科目、＊は自由選択科目、△は必履修選択科目

教科	科目	単位数	1年	2年	3年	計	教科	科目	単位数	1年	2年	3年	計
国語	現代の国語	2	○2			4～8	外国語	英語コミュニケーションⅠ	3	○3			3～9
	言語文化	2	○2					英語コミュニケーションⅡ	4		△4		
	論理国語	4			◎4			英語コミュニケーションⅢ	4			◎2	
	文学国語	4						論理・表現Ⅰ	2				
	国語表現	4						論理・表現Ⅱ	2				
	古典探究	4						論理・表現Ⅲ	2				
地理歴史	地理総合	2	○2			4～6	家庭	家庭基礎	2	○2			2
	地理探究	3						家庭総合	4				
	歴史総合	2		○2			情報	情報Ⅰ	2	○2			代替
	日本史探究	3			◎2			情報Ⅱ	2				
	世界史探究	3					理数	理数探究基礎	1				2～5
公民	公共	2	○2			4		理数探究	2～5				
	倫理	2					工業科目	工業技術基礎	2～4	○3			3
	政治・経済	2			○2			課題研究	3～6			○3	3
数学	数学Ⅰ	4	○3			3～10		実習	4～8		△4	☆4	0～8
	数学Ⅱ	4		◎4				製図	2～4	＊2	△2		0～4
	数学Ⅲ	3			◎3			工業情報数理	2～4		2		0～4
	数学A	2						工業材料技術	2～4		☆2	☆2	0～4
	数学B	2						生産技術	2～4		＊2	△2	0～2
	数学C	2						工業管理技術	2～4			△2	0～2
理科	科学と人間生活	2	○2					工業環境技術	2～4		＊2	☆2	0～4
	物理基礎	2	○2					機械工作	2～4		☆2		0～2
	物理	4			◎4	4～8		機械設計	2～4		＊2	☆2	0～4
	化学基礎	2						原動機	2～4			＊2	0～2
	化学	4						電子機械	2～6			☆5	0～5
	生物基礎	2						自動車工学	2～6		＊2		0～2
	生物	4						自動車整備	2～8			＊2	0～2
	地学基礎	2						電気回路	2～6		★2	★4	0～6
	地学	4						電気機器	2～6		★2	★2	0～4
保体	体育	7～8	○2	○3	○2	7		電力技術	2～4		＊2	★2	0～4
	保健	2	○2	○2		2		電子回路	2～4			★2	0～2
芸術	音楽Ⅰ	2						電子計測制御	2～4			★3	0～3
	音楽Ⅱ	2						通信技術	2～4			★2	0～2
	音楽Ⅲ	2						工業技術英語	2～4		＊2	＊2	0～4
	美術Ⅰ	2						学校設定科目	2～4		＊2	＊2	0～4
	美術Ⅱ	2	○2			2		必履修科目単位数 ○		27	11	5	43
	美術Ⅲ	2						必履修選択科目単位数 △			12	2	14
	工芸Ⅰ	2						類型選択科目単位数 ☆★◎			4	15	19
	工芸Ⅱ	2						自由選択科目単位数 ＊		2	2	4	8
	工芸Ⅲ	2						総合的な探究の時間				3	3
	書道Ⅰ	2						特別活動（H・R）		1	1	1	3
	書道Ⅱ	2						合計単位数		30	30	30	90
	書道Ⅲ	2											

資料6　機械科の編成試案の例

機械科の編成〈専門の基礎・基本を徹底して習得させる教育課程編成〉

　入学してくる生徒が，工業技術に興味・関心が高く将来の進路希望が明確で，工業の技術者・技能者を目指している場合，入学時から工業の各小学科の専門分野の指導内容を中心に教育課程を編成し，資格取得などにも対応する。この教育課程は，従来の教育課程に近く，小学科別にその専門科目を中心に教育課程を編成することで完成する。

　これは，機械科の例であるが，電気科等の場合は，その関連する専門科目を電気科の科目に変えることで編成できる。○必修，△必修選択，＊自由選択
（例）　建築学科の編成をする場合は，機械科目の代わりに，建築学科の専門科目に変える。

教科	科目	単位数	1年	2年	3年	計	科目	科目	単位数	1年	2年	3年	計
国語	現代の国語	2○	○2			4～10	外国語	英語コミュニケーションⅠ	3○	○3			3～9
	言語文化	2○						英語コミュニケーションⅡ	4		△2	△2	
	論理国語	4		△2				英語コミュニケーションⅢ	4			＊2	
	文学国語	4			＊4			倫理・表現Ⅰ	2				
	国語表現	4						倫理・表現Ⅱ	2				
	古典探究	4		＊2				倫理・表現Ⅲ	2				
地理歴史	地理総合	2○	○2			4	家庭	家庭基礎	2○		○2		2
	地理探究	3						家庭総合	4				
	歴史総合	2○		○2			情報	情報Ⅰ	2○				代替
	日本史探究	3						情報Ⅱ	2				
	世界史探究	3					理数	理数探究基礎	1				
公民	公共	2○	○2			4		理数探究	2～5				
	倫理	2					工業科目	工業技術基礎	○	2～4	○2	＊2	2～4
	政治・経済	2○			○2			課題研究	○	2～4		○2	2
数学	数学Ⅰ	3○	○3			3～10		実習	△	4～8	＊2	△4	△3	7～9
	数学Ⅱ ＊	4		＊4				製図	△	4～8	△2	△3		5
	数学Ⅲ ＊	3			＊3			工業情報数理	○	2～4	○2			2～4
	数学A	2						工業材料技術	＊	2～4	＊2	＊2		0～4
	数学B	2						生産技術	＊	2～4		＊2		0～2
	数学C	2						工業管理技術	＊	2～4			＊2	0～2
理科	科学と人間生活	2○	○2			4～8		機械工作	△	2～4			＊2	0～2
	物理基礎	2		○2				機械設計	△	2～6		△2	△2	4
	物理	4			＊4			原動機	△	2～6		△2	△2	4
	化学基礎	2						電子機械	△	2～6			△2	2
	化学	4						自動車工学	＊	2～4			＊2	0～2
	生物基礎	2						自動車整備	＊	2～6			＊2	0～2
	生物	4						電気回路	＊	2～6			＊2	0～2
	地学基礎	2						電気機器	＊	2～6			＊2	0～2
	地学	4						電力技術	＊	2～6				0～2
保体	体育	7～8	○3	○2	○2	7		電子回路	＊	2～6				0～2
	保健		○2			2		電子計測技術	＊	2～4				0～2
芸術	音楽Ⅰ	2						ハードウェア技術	＊	2～4				0～2
	音楽Ⅱ	2						ソフトウェア技術	＊	2～4				0～2
	音楽Ⅲ	2						コンピュータシステム技術	＊	2～4				0～2
	美術Ⅰ	2						工業技術英語	＊	2～4				0～2
	美術Ⅱ	2						学校設定科目	＊	＊4				
	美術Ⅲ	2	○2			2		必修科目単位数	○		25	8	6	39
	工芸Ⅰ	2						必修選択科目単位数	△		2	15	11	28
	工芸Ⅱ	2						自由選択科目単位数	＊		2	6	9	17
	工芸Ⅲ	2						総合的な探究の時間	○				3	3
	書道Ⅰ	2						特別活動（H・R）	○		1	1	1	3
	書道Ⅱ	2						合計単位数			30	30	30	90
	書道Ⅲ	2												

参考資料

技術科教師をめざす人のために	和気考衛	一ツ橋書店	1979
新工業技術教育法	池本・山下ほか	学校教育研究所	1995
教育現場のパソコン活用法	山下ほか	理工学社	1997
新中学校教育課程講座 技術・家庭			
	河野・渡邉	ぎょうせい	2000
ドイツ・イタリア研修報告	山下	日本工業技術教育学会	2000
日本工業教育史	小林	実教出版	2001
技術教育のカリキュラムの改善に関する研究		国立教育政策研究所	2001
産振基準改訂参考資料		文部科学省	2002
工業科・技術科教育法	山下・岩本ほか	実教出版	2002
続日本工業教育史	小林	実教出版	2003
学校制度と職業教育		労働政策研究・研修機構	2004
教員免許更新制資料		文部科学省	2007
新技術科教育総論	技術科教育分科会編	日本産業技術教育学会	2009
教職科目の指導事例	山下ほか	教職パイオニア拓殖大学	2010
生徒指導理解関係資料		国立教育政策研究所	2011
中学校教材整備指針		文部科学省	2011
産業教育振興法施行規則改正資料		文部科学省	2013
学習指導要領データベース		国立教育政策研究所	2013
新しい時代の家庭機械・電気・情報			
	池本・山下	ジュピター書房	2015
学習評価の在り方資料		文部科学省	2015
諸外国におけるプログラミング教育に関する調査研究			
		大日本印刷	2015
産業教育振興法施行規則改正に関する資料		文部科学省	2016
学習指導要領等の改善及び必要な方策の答申		文部科学省	2016
「デジタル教科書」の位置付けのまとめ		文部科学省	2016
中学校が直面する諸課題に関する資料		中教審中学校部会	2016

高等学校の教育課程に関する基礎資料	中教審教育課程部会	2016
諸外国の教育動向	明石書店	2016
教育職員免許法施行規則改正省令	文部科学省	2017
学習評価の在り方	文部科学省	2017
全国工業高等学校教育課程調査	全工協会	2017
諸外国の教育統計	文部科学省	2017
中学校学習指導要領	文部科学省	2017
教育小六法	学陽書房	2017
高等学校学科別学校数・生徒数	文部科学省	2017
教職実践演習の進め方	文部科学省	2017
教職関係資料	芝浦工業大学	2018
生徒の問題行動資料統計	文部科学省	2017
教職関係資料	拓殖大学	2018
教職関係資料	東京理科大学	2018
技術教育関係	東京学芸大学	2018
教員採用選考関係資料	東京都教育委員会	2018
都立高校関係資料	東京都教育委員会	2018
都立中高一貫校関係資料	東京都教育委員会	2018
教職実践演習関係資料	広島大学教育学部	2018
教職実践演習関係資料	愛媛大学教職総合センター	2018
教職実践演習関係資料	東北大学教育学部	2018
技術科の模擬授業	大分大学教育学部	2018
授業例で読み解く新学習指導要領 中学校技術・家庭「技術分野」	開隆堂出版	2018
学習指導案形式	岡山県教育センター	2018
学習指導案書式例	東京都教職員研修センター	2018
高等学校学習指導要領・同解説	文部科学省	2018
中学校学習指導要領解説「技術・家庭科編」	文部科学省	2018
教職課程認定申請の手引き平成31年度開設用	文部科学省	2018

索　引

[あ]
アカウンタビリティ　169
新しい高等学校づくり　171
アメリカの教育体系と技術教育　42

[い]
生きる力　28
イギリスの教育体系と技術教育　37
異校種間連携　168
「いじめ」の発生件数　29
一種免許「工業」の特例　218
インクルーシブ教育　72
インターンシップの実施　164
e-ラーニング　94

[え]
営利企業等の従事制限　21
SSH・スクール　176
SPH・スクール　177
エネルギー変換の技術　60
エンカレッジスクール　175
演習到達目標　208

[お]
大型提示装置　134
お雇い外国人　100

[か]
介護等体験　218
改訂による変更点　118
各学科の「実習」　128
課題研究の展開　125

カリキュラム・マネジメント　17
観点別評価　136
学習指導案作成の要点　193
学習指導案の作成　192, 194
学習指導と観点別評価　132
学習指導と評価　120
学習指導要領改訂（試案）　105
学習指導要領の内容　116
学修の単位認定　137
学習評価　135
学習評価の改善　91
学習評価の留意点　202
学級崩壊　30
学校運営協議会　15
学校運営協議会制度　16
学校運営連絡協議会　14
学校開放講座　166
学校間・校種間の連携　167
学校教育の在り方　11
学校教育法　10
学校教育目標　24, 112
学校教育目標の一例　112
学校行事　160
学校経営計画　15
学校支援ボランティア制度　212
学校情報　169
学校情報の開示　169
学校設定教科・科目　138

学校選択の自由化	30	教育実習の重要性	181
学校組織の機能	12	教育実習の準備と手続き	187
学校体験活動	211	教育実習への準備	180
学校とは	10	教育メディアの活用	134
学校の職員	18	教員採用選考の概要	220
学校の組織と運営	12	教員採用選考の内容	221
学校の特色化	92	教員への道	214
学校の分掌組織	12	教員の地位に関する勧告	22
学校評価	24	教員の役割と服務	19
学校評価基準	115	教員免許更新制	219
学校評議員制度	15	教員免許状	214

[き]

		教員免許状の取得	214
机間指導	200	教員面接試験への対応	224
基礎学力テスト	179	教員を目指す決意	195
キャリア教育	168	教科「Computing」	39
キャリア指導の在り方	157	教科指導での基礎・基本	191
キャリア指導の業務内容	152	教科「テクノロジー」	42
教育委員会の機能	25	教職員の勤務時間	21
教育課程の現状	113	教職実践演習	207
教育課程の評価と改善	115	教職に関する科目	217
教育課程の編成の観点	88	共通履修科目	120
教育課程編成基準	113	近年の工業技術教育	107
教育課程編成の留意点	119	技術科教員の業務	46
教育基本法第1条	10	技術・家庭科の新設	50
教育公務員	19	技術・家庭科の目標	33
教育実習	180	技術科の使命	33
教育実習生の勤務形態	186	技術教育	26, 31
教育実習での授業実践	185	技術教育の質の向上	35
教育実習で学ぶこと	184	技術分野の観点別評価規準	78
教育実習に臨む姿勢	182	技術分野の目標	34, 54, 55
教育実習の心得	205	義務教育	26

ギムナジウム	40

[く]

クラブ（部）活動	161

[け]

経済成長期の工業技術教育	105
怪我・事故発生時の対応	82
現地実習	165

[こ]

工業科1学年生の募集人数	111
工業科の専門科目	117
工業技術基礎の展開	121
工業技術教育指導上の課題	119
工業技術教育のあゆみ	98
工業技術教育の活性化	95
工業高等学校活性化事業	178
工業高等学校の運営	111
工業高等学校の教育目標	112
工業高等学校の施設・設備	141
工業に関する学科	140
工業の科目数	117
講座の内容事例	207
高大接続改革	90
高・大連携	167
高等学校	27
高等学校学習指導要領	87
高等学校教育の現状	86
高等学校進学率	86
高等学校数	92
高等学校のキャリア教育	150
高等学校の特別活動	158
高度情報通信技術	98
校内暴力	29
校務分掌	14
公立学校の設置者	26
コミュニティ・スクール	16

[さ]

作業中における安全	148
3観点別評価	201
産学連携	164
産業教育	141
産業別就職状況	154
材料と加工の技術	57

[し]

施設・設備の運営と管理	139
指導技術の事例	198
指導計画の作成	118
指導力と専門性	22
社会に開かれた工業高校	163
就職と進学の推移	154
習得を確認する事項	207
主要国の教育体系と技術教育	36
生涯学習の理念	94
職業に関する専門学科	140
職務上の義務	20
職務に専念する義務	20
職務の命令	20
初任者研修	219
進学希望者	97
進学状況の推移	156
新採教員仲間との連携	200
新制高等学校が発足	103
信用失墜行為の禁止	20

進路動向の変遷	153	専門学科と科目の変遷	128
事故発生時の対処	149	全国工業高等学校長協会	114
事故予防と安全管理	146	全体の奉仕者	19
実業学校	102	[そ]	
実業学校の整備	102	争議行為の禁止	21
実業教育費国庫補助法	102	総合学科高等学校	92, 171
実験・実習上の注意事項	119	[た]	
実習事後指導	206	大正時代の工業技術教育	102
実習事前指導	205	多面的な評価	137
実習授業の形態	133	[ち]	
実習の施設・設備	143	地域との連携	166
実習報告書の作成	206	地方公務員法	19
実践的技術者	95	チャレンジスクール	174
ジュニアマイスター顕彰	178	中学校教育	26
情報の技術	62	中学校教育と問題行動	29
[す]		中学校教育の現状	27
スペシャリスト	96	中学校教育の目的	26
[せ]		中学校技術教育の課題	35
政治的行為の制限	20	中学校の技術教育	31
生徒会活動	160	中教審答申	29
生徒理解に基づく学習指導	190	中高一貫教育学校	93
生物育成の技術	58	[て]	
説明責任	169	デュアルシステム	165
1999年(平成11年)の改訂	108	電子黒板	134
1989年(平成元年)の改訂	107	[と]	
専攻科	96	東京工業学校	101
専攻科の設置	96	東京職工学校	101
戦後の教育改革	103	登校拒否	29
戦後の工業教育の内容	105	特色ある学校づくり	92
専門科目指導	97	特別教室の環境づくり	81
専門科目の指導	133	特別な教科	12

徒弟学校	101
都立王子総合高等学校	173
都立科学技術高等学校	173
都立総合工科高等学校	172
ドイツの教育体系と技術教育	39

[に]

2009年（平成21年）の改訂	108
2018年（平成30年）の改訂	109

[の]

望まれる教師像	21

[は]

ハウプトシューレ	41
幕末期の万国博覧会	99
板書計画	199
パフォーマンス評価	203

[ひ]

必履修の普通教科	116
秘密を守る義務	20
評価委員会	14
PDCAサイクル	15

[ふ]

附属工業教育研究所	179
普通教育	26
普通免許の修得単位数	215
部活動活性化の課題	163
部活動の指導上の配慮事項	162
プログラミング教育	12

[ほ]

ホームルーム活動	23
ホームルーム担任	24
ポートフォリオ	203

[ま]

「学び合い」の授業	191
学びの基礎診断	89

[み]

身分上の服務義務	20
民法の改正	86

[め]

明治から昭和初期の工業技術教育	101
明治初期の学校教育	100
明治初期の技術教育	99
免許外教科担任制度	49

[も]

模擬授業の実践	204

[よ]

よい授業の指導技術	198

[ろ]

論作文試験への対応	223

教職必修　技術科・工業科教育法
2021・2022年度実施 新教育課程対応

2019年4月10日　初版第1刷発行

編著者　教 職 課 程 研 究 会
発行者　小　　田　　良　　次
印　刷
製　本　壮光舎印刷株式会社
発行所　実 教 出 版 株 式 会 社
〒102-8377 東京都千代田区五番町5
　　　電話〈営　　業〉(03) 3238-7765
　　　　　〈企画開発〉(03) 3238-7751
　　　　　〈総　　務〉(03) 3238-7700
http://www.jikkyo.co.jp/

2019

ISBN 978-4-407-34773-9　C3037